커피 로스팅향은 식품의 조리과정에서 만들어지는 것과 비슷하지만
특이한 것은 200℃ 이상의 고온으로 굽는다는 것이다.
커피는 높은 온도에서 볶기 때문에 그 향이 특별하다.
고온의 열에너지로 인하여 콩 내부의 성분들이 분해, 생성과 재배열로
인해 특유한 향이 만들어 진다.
사람들은 천년이상을 이 특유한 향에 매료되어
지금까지 커피를 마시고 있다.

이 책은 커피의 특유한 향을 만들어 내는 숨어있는 이야기이다.

프롤로그

　바리스타 자격증을 가지고 있으면서 커피전문점에서 커피 만드는 일을 하는 사람보다 하지 않는 사람이 많을 정도로 커피는 인기가 많다. 창업을 목적으로 하는 경우도 대부분 음식점 아니면 커피점이다. 나도 그 중에 하나였을지도 모른다. 음식점은 힘이 많이 들고 커피는 좀 더 쉬워 보였고 내가 유일하게 많이 마시는 음료였기 때문이다.

　커피를 좋아해서 커피매니아가 되었고 2002년 단국대 평생교육원 커피전문가 과정을 통해 박이추선생님과 박상홍선생님에게 지도를 받았고 특별히 박상홍선생님에게 드립 사사를 받은 것이 커피 일을 시작하게 되었는지도 모르겠다.

　커피에 대한 열정은 2005년 후지로얄 1Kg 로스터를 구입하여 아파트 테라스에 설치 하고 커피 볶는 것을 연습하면서 카페를 오픈하고 싶다는 생각을 들게 되었다. 막연했던 나의 꿈은 2006년 수원 인계동에 로스터리 카페를 창업하면서 이루어졌고 또한 프로에 입문하게 되었다. 창업 당시 들었던 생각은 맛만 있으면 대박이 날 것이라는 단순한 생각과 자신감으로 차 있었지만 이 생각은 그리 오래가지 않았다. 이것은 오픈 후 운영에 대한 큰 오류와 자만심이었다는 것을 알게 되었다.

　커피 맛을 최고로 만들기 위해 스스로 로스팅을 연구했지만 맛의 유지기간이 2주를 넘지 않는다는 것에 한계를 느끼기 시작하였고 그 즈음에 일본 고노 교육을 알게 되었다. 그래서 2007년, 2008년 주말을 이용하여 한 달에 한 번씩 여러 번 일본에 다녀왔고 고노어드바이저가 되었다. 커피의 품질은 점차 좋아지기 시작하였지만 떫음과 같은 현상에 대한 해답은 찾을 수 없었다. 많은 고민 끝에 커피 공부를 해야겠다는 생각에 2009년부터 커핑 공부를 시작하였고 2012년에야 맛에 대하여 조금은 이해하게 되었다. 그리고 2013년, 2014년에 엘살바도르 COE 심사관으로 참석하면서 커피의 맛과 향이 다른 나라 사람들은 어떻게 다른지를 이해하게 되었다.

또한 커피 공부는 나에게 커피전공 박사과정까지 하도록 만들었고 그동안 궁금해 하던 떫은 현상과 향의 기작 등에 대한 의문들 중 일부 해결하는 방법을 알게 되었다. 수업 중에 외국 커피산업에 관련된 책들과 논문들을 번역하고 식품화학 등을 배우면서 커피 화학에 관심을 가지게 되었고 학위도 취득하였다.

몇 년간 커피 화학 반응과 커피의 향에 대한 공부를 계속하였지만 실제로 커피 화학 반응과 관련된 책은 찾기 어려웠다. 그나마 식품이나 향에 대한 외국 서적을 참고할 수 있었고 그러던 중에 로스팅 과정에서 일어나는 커피 화학과 관련된 책이 나왔으면 하는 생각이 들었다. 로스팅 과정에서 보이지 않게 일어나는 반응이 향과 맛을 만들어내는 포인트라는 것을 로스터들이 알았으면 하는 마음에서 책을 만들게 되었다.

로스팅에서는 보이는 물리적 변화와 보이지 않은 화학적 변화가 있다. 물리적 변화는 갈변현상, 콩의 주름, 콩의 부피 등으로 커피의 볶음 상태를 확인 할 수 있으며, 화학적 변화는 마이야르 반응, 캐러멜화 반응 등으로 커피의 향을 발현하게 만들어 준다. 이 책은 보이지 않는 화학적 변화 부분에 대한 내용이다.

화학적 변화를 인지하지 않고 커피를 볶아도 어느 정도 수준까지는 커피를 볶을 수 있으나 커피는 향을 제조하는 것이 아니라 열을 이용하여 향을 발현하는 것으로 매우 세밀한 작업인 것이다. 열량과 타이밍은 화학반응을 만드는 요소인데 향마다 그 포인트가 다르고 작용기나 연결되는 위치에 따라 달라지는 것과 같은 화학반응을 이해한다면 보다 완벽한 로스팅을 할 수 있다는 것이 나의 생각이다. 나에게 생소했던 화학에 대하여 책을 쓰기까지 오랜 세월이 걸렸다. 이 책을 통해 커피 로스터가 커피 화학 변화를 생각하면서 볶을 수 있기를 바란다.

화학은 전공자가 아닌 사람들에게는 생소한 학문이다. 특히 커피를 학문보다는 경험을 통해 접하다 보니 전공한 사람들을 보기 힘들고, 과학으로 인식하기도 어렵다. 원자나 분자의 구조는 현미경을 통해 볼 수 있지만 커피를 볶을 때마다 확인할 수도 없기 때문에 우리는 상상으로나마 구조식이나 발현과정을 보아야 한다. 그렇기 때문에 정보를 수집하고 반응들을 관찰하면서 커피를 볶을 필요가 있다.

이 책의 구성은 3막으로 구성되어 있다. 1막은 '커피 로스팅의 이론과 실제'로 커피를 볶기 전에 알아야 할 것들과 중요한 것이 무엇인가에 대한 정보이다. 2막은 '좋은 로스팅을 위한 지식탐구'로 커피를 볶는 중에 일어나는 현상에 대한 내용으로 심도 있는 공부를 위해 과학적으로 풀어본 것이다. 3막은 "로스팅으로 만들어진 향기 물질의 모든 것"으로 향의 이해를 돕기 위해 원서인 Ivon Flament 저서의 'Coffee Flavor Chemistry'와 이주백외 '커피향의 화학'에서 발췌하였고 커피 향을 공부하기 위한 휘발성화합물들의 목록이다. 커피를 볶기 위한 공부는 1막과 2막을 읽으면 충분하다고 생각한다. 3막은 커피의 화합물질에 대하여 궁금한 분들이 참조할 수 있도록 추가하였다.

이 책을 쓰기 위해 참조한 책은 커피산업의 전반적인 이해를 넓혀 준 일리의 "Espresso Coffee"와 "Coffee Technology"이고, 커피 서적은 아니지만 열을 이용한 조리방법에서 만들어지는 향의 발현과 그 재료에 관련된 내용이 게재되어 있는 'The Maillard Reaction', 'Flavor Chemistry and Technology' 와 'Food Chemistry', '음식과 요리' '화학의 시대'등이다. 그리고 지금은 뇌에서 후각과 미각 관련하여 인지 과정에 따른 뇌 공부와 유기화학 공부를 하고 있다.

마지막으로 책 쓰기를 망설였던 시절에 '강제로 1년 안에 책 쓰기' 모임을 만들어 격려와 도움을 주신 최낙언선생님께 고마움과 존경심을 드린다. 모임을 통해 쓸 수 있도록 암묵적 책임감도 안겨준 회원들도 좋은 결과를 기대해 본다. 어렵고 생소한 내용의 책을 리뷰 해준 정은영, 김선경 고맙다. 그리고 편집과 출간에 도움을 주신 꼬뮨 관계자분들께 감사드린다.

저자 김혜숙

목 차

1막 이론과 실제

1. 커피 로스팅의 기본 이론
커피에서 향이 중요한 이유 · 14
향기물질은 무엇이 있나 · 18
커피 향기성분 · 22
커피 로스팅에 물리적인 현상은 · 33
커피 로스팅에 화학을 왜 · 37
커피로스팅 과정 이해하기 · 39
    수분 날리기 (초기 – 마이야르 반응) · 40
    로스팅 단계 (마이야르, 캐러멜화 – 마지막) · 41
    냉각 단계 · 41
    열주입 방법에 따른 맛과 향의 차이가 나는가 · 42
    볶음정도는 어떻게 다른가 · 43

로스팅 온도가 중요한가 · 46
로스팅 시간이 중요한가 · 47
저온/고온로스팅이란 · 49
커피콩과 열관계 · 50
커피를 볶기 위하여 관찰하여야 할 것들 · 52

2. 커피로스팅 실제
커피 로스팅하기 전에 · 56
    1) 로스터 이해하기 · 56
    2) 로스팅 재료인 커피콩의 일반 지식 · 65
    3) 로스팅에서 발생하는 변수들 · 67

커피 생콩 구매를 위한 샘플 로스팅 • 68
제품을 위한 샘플로스팅 • 73
로스팅 프로파일 알아보기 • 76
볶은 커피의 특성 알아보기 • 78
어떻게 콩을 볶을까 결정하기 • 80
로스팅 실습 • 82
   1) 투입에서 배출까지 설정하기 • 82
   2) 직접 볶으며 관찰하기 • 83
   3) 팝 결정 후 배출시점 결정하기 • 85
   4) 커피를 볶은 후 체크는 어떻게 하나 • 85
   5) 잘 볶여진 콩이란 • 88
   6) 훈련은 어떻게 • 88

2막 좋은 로스팅을 위한 지식탐구

1. 좋은 로스팅이란
좋은 로스팅이란 • 96
향미의 평가 기술 • 97
커피 맛과 향은 어떻게 생성되나 • 99
마이야르, 캐러멜화 반응 • 105
실패한 로스팅의 상태와 이유 • 113
그 외 발생할 수 있는 또 다른 현상들 • 115
왜 실패하는 걸까? 실패하는 요인과 해결점 • 116

2. 로스팅의 과학: 심도 있는 공부를 위해 알아두면 좋은 지식
   물 • 119
   탄소, 단백질, 당 • 120
   열역학 법칙 • 125
   에너지 • 127
   발열반응과 흡열반응 • 130
   상변화 • 133
   화합물 • 136
   결합력 • 137
   화학반응 • 138
   평형 • 139

3막 로스팅으로 만들어진 향기 물질의 모든 것

1. 작용기 • 144
2. 로스팅 향미 • 150
   1) Esters(에스테르류, 54종) • 152
   2) Aldehydes (알데하이드류, 44종) • 154
   3) Ketones(케톤류, 91종) • 165
   4) Lactones (락톤류, 16종) • 167
   5) Alcohols(알코올류, 49종) • 168
   6) Furans and Pyrans (퓨란류 및 피란류, 148종) • 175

7) Hydrocarbons(탄화수소류, 77종) • 177
8) Acids and anhydrides (산류 및 산무수물류, 67종) • 185
9) Phenols(페놀류, 91종) • 192
10) Thiopenes (티오펜류, 28종) • 196
11) Pyrroles(피롤류, 80종) • 197
12) Oxazoles(옥사졸류, 24종) • 198
13) Thiazoles (티아졸류, 27종) • 200
14) Pyridines(피리딘류, 27종) • 201
15) Pyrazines (피라진류, 99종) • 203
16) Amines and miscellaneous nitrogen compounds (32종) • 207
17) Miscellaneous sulfur compounds (32종) • 209

3. 커피 품질의 화학적인 지표 • 211
4. 볶은커피에서 맛과 향의 열화(staling) • 214

에필로그 • 217
참고문헌 • 218

제1막 이론과 실제

1. 커피 로스팅의 기본 이론

커피에서 향이 중요한 이유

커피는 향^{aroma}을 포함한 음료로 맛과 향^{flavor}을 함께 즐길 수 있다. 향이 없는 음식은 자칫 밋밋할 수 있고 맛은 향에 비하면 단순하지만 그 강도에 따라 인지 정도는 달라진다. 현재까지 규정된 맛은 단맛, 신맛, 감칠맛, 쓴맛, 짠맛으로 5가지가 전부이고, 향은 작용기에 따라 혹은 연결되는 위치에 따라 달라질 수 있어 매우 복잡하다.

커피는 신맛과 쓴맛이 대부분을 차지하고 단순한 맛 성분에 향을 조합하여 수 만 가지 향미를 만든다. 향미^{flavor}는 음식을 흡입한 후 이빨로 절개하고 삼키는 과정에서 구강 내 후미를 통하여 휘발하는 향이 후각 상피세포를 자극하는 것을 의미한다. 커피의 향미는 볶는 과정을 통한 화학반응으로 충분히 발현하는 것이 중요하다.

커피의 절대적인 매력은 카페인을 제외하면, 가열을 통해 만들어진 향이 최고이다. 인간은 이미 원시시절에 불을 이용한 요리를 맛본 유전자가 강력하게 각인되어 있다. 커피를 특별히 마시지 않는 사람도 커피 향이나 오븐 안의 빵 냄새를 맡으면 좋게 느껴지는 것은 이 때문이다.

커피의 향은 1000가지 이상의 휘발성 물질이고 핵심적인 역할은 30개 미만이다. 조향에 있어 배합을 달리하면 나타나는 향도 달라진다. 그러나 커피는 볶는 과정에서 향이 만들어지므로 인위적인 배합은 어렵고 전체 풍미를 재현하는 것도 쉽지 않다. 커피의 핵심 향기성분과 로부스타와 아라비카종의 향기물질 차이, 추출한 커피의 향기물질과 농도, 수율 등에 관한 표는 다음과 같다. [1]

커피에서 향이 중요한 이유는 다양하고 복잡하기 때문이며 볶음 정도에 따라 다르게 발현이 되면 오히려 소비자의 선택 폭이 넓어져 좋다. 커피 향은 심신을 편안하게 만들어주는 역할을 한다.

향기물질	향조
Methanethiol	Putrid, cabbage-like
2-Methylpropanal	Pungent, malty
2-Methylbutanal	Pungent, fermented
2,3-Butanedione	Buttery
2,3-Pentanedione	Buttery
3-Methyl-2-buten-1-thiol	Animal-like, skunky
2-Methyl-3furanthiol	Roasted meat-like
Mercaptopentanone	Sweaty, catty
2,3,5-Trimethylpyrazine	Roasty, musty
2-Furfurylthiol	Roasty, coffee-like
2-Isopropyl-3-methoxy-pyrazine	Peasy

---

1) 최낙언, 커피향의 비밀 p182

향기물질	향조
Acetic acid	Vinegar-like
Methional	Cooked potato
2-Ethyl-3,5-dimethyl-pyrazine	Roasty, musty
(E)-2-Nonenal	Fatty
2-Vinyl-5-methyl-pyrazine	Roasty, musty
3-Mercapto-3-methyl-butylformate	Catty, roasted coffee-like
2-Isobutyl-3-methoxy-pyrazine	Paprica-like
5-Methyl-5H-6,7-dihydro-cyclopentapyrazine	Peanut-like
2-Phenylacetaldehyde	Honey-like
3-Mercapto-3-mrthylbutanol	Soup-like
2/3-Methylbutanoic acid	Sweaty
(E)-β-Damascenone	Honey-like, fruity
Guaiacol	Phenolic, burnt
4-Ethylguaiacol	Clove-like
4-Vinylguaiacol	Clove-like
Vanilline	Vanilla-like

〈표 1〉 원두에서 핵심적인 향기물질(출전: Espresso coffee, Anrea illy 외)

향기물질	농도 (ppm)	
	아라비카	로부스타
2-Ethyl-3,5-dimethylpyrazine	0.326	0.940
2,3-Diethyl-5-methylpyrazine	0.090	0.310
Guaiacol	3.2	28.2
4-Ethylguaiacol	1.61	18.1
4-Vinylguaiacol	55	178

〈표 2〉 아라비카와 로부스타 커피의 핵심 향기물질 차이 (출처: Food chemistry 4th, H.D Belitz 외)

향기물질	농도 (ppm)	추출수율(%)	냄새역치ppm	기여도
Sweetish/caramel group				
Methylpropanal	0.76	59	0.7	1090
2-Mrthylbutanal	0.87	62	1.9	460
3-Methylbutanal	0.57	62	0.4	1430
2,3-Butanedione	2.10	79	15	140
2,3-Pentanedione	1.60	85	30	50
4-Hydrozy-2,5-dimethyl-3(2H)-furanone	7.2	95	10	720
2-Ethyl-4-hydroxy-6-methyl-3(2H)-furanone	0.8	93	1.15	700
Vanillin	0.210	95	25	8
Earth group				
2-Ethyl-3,5-dimethylpyrazine	0.017	79	0.16	110
2-Ethenyl-3,5-dimethylpyrazine	0.001	35	ND	-
2,3-Diethyl-5-methylpyrazine	0.0036	67	0.09	40
2-Ethenyl-3-ethyl-5-methylpyrazine	0.002	25	ND	-
3-Isobutyl-2-methoxypyrazine	0.0015	23	0.005	300
Sulphurous/roasty group				
2-Furfurylthiol	0.017	19	0.01	1700
2-Methyl-3-furanthiol	0.0011	34	0.007	160
Methional	0.010	74	0.2	50
3-Mercapto-3-methylbutyl formate	0.0057	81	0.0035	1630
3-Methyl-2-buten-1-thiol	0.0006	85	0.0003	2000

향기물질	농도 (ppm)	추출수율(%)	냄새역치ppm	기여도
Methanethiol	0.170	72	0.2	850
Smoky/phenolic group				
Guaiacol	0.120	65	25	50
4-Ethylguaicol	0.048	49	50	1
4-Vinylguaicol	0.740	30	20	40
Fruity group				
Acetaldehyde	4.7	73	10	470
(E)-β-Damascenone	0.0016	11	0.00075	2130
Spicy group				
3-Hydroxy-4,5-dimethyl-2(%H)-furanone	0.08	78	20	4

〈표 3〉 커피 추출액에서 핵심적인 향기물질의 농도, 수율, 향기 공헌도 (출전: Mayer외, 2000)

향기물질은 무엇이 있나

향이란 다양하고 복합적이어서 어휘로 표현하기가 어렵다. 향은 수백 수천 가지 화학물질들이 관련되어 있고 주로 음식들에서 익숙한 향을 느끼고 즐거움을 주기 때문에 더욱 매혹적이다.

어떤 재료이든 향과 관련하여 두 가지 근본적인 사실이 있다. 첫째, 재료의 독특한 향들은 고유의 휘발성 화학물질들에 의해 만들어지며 둘째, 모든 재료의 향은 수많은 휘발성 분자들의 합성이 대부분이라는 것이다. 커피의 향기 물질들은 음식의 재료로 사용하는 채소, 허브, 향신료를 비롯하여 과일 등의 향들과 비슷하고 여기에 로스팅 향이 더해져 구별하기조차 힘든 수많은 향이 만들어진다. 하나의 향은 여러 가지 물질로 구성되어 있는데 그 중에 중요한 물질은 몇 가지이고 나머지는 그 향의 배경을 이루거나 뒷받침하면서 향을 더욱 풍성하게 만드는 구실을 한다. 즉, 여러 가지 상이한 향 화합물들의 혼합인 것이다. 정향, 계피, 아니스, 타임처럼 그 화합물들 가운데 하나가 특별히 도드라져서 주된 특징을 제공하는 경우도 있다. 하지만, 그러한 특징을 만드는 것도, 하나의 향신료가 여러 가지 상이한 재료들을 통합시키는 다리 역할을 수행할 수 있도록 만드는 것도 혼합이다. 예를 들면, 고수 씨는 꽃과 레몬의 미향을 동시에 가지고 있다. 월계수 잎에는 유칼립투스, 정향, 소나무, 꽃의 미향들이 조합되어 있다. 향신료를 맛보면서 혼합되어 있는 성분들을 느껴 보고, 그 향들이 어떻게 구성되었는지를 알아보는 것도 향을 이해하는데 유용하다. 조향사들이 향수를 제조할 때 3가지를 적용한다. 이것을 이해하면 제품에서 향을 찾아내는 데 도움을 준다. 가장 먼저 느껴지며 휘발성이 강하여 쉽게 사라지는 'top note', 풍미의 가운데 부분을 차지하는 'middle note', 그리고 가장 무거우면서 오랫동안 남아 있어 천천히 발산되는 'bottom note'가 있는 것이다.[2]

---

2) 해롤드 맥기 "음식과 요리" p604

5개의 탄소 원자로 구성된 테르펜 화합물들은 다양한 용도로 쓰인다. 수만 가지가 넘는 다양한 분자들로 만들어지며 결합되고 구부려지고 덧붙여져 있다. 테르펜은 식물들에게는 방어용으로써 혼합물을 생성한다. 방어용 물질은 식물의 약한 부분의 감귤류 과일들, 꽃들, 침엽수들의 잎과 껍질에 집중적으로 나타난다. 허브와 향신료들의 풍미에 소량 제공하는 향은 소나무, 감귤류, 꽃, 잎, 풋내이다. 테르펜 계열은 향의 구성 상 'top note'에 해당하며 휘발성과 반응성이 매우 강하여 가장 먼저 향이 느껴지며 쉽게 날아가 버린다. 커피를 볶는 과정에서 먼저 생성이 되고 쉽게 증발하거나 변형되기도 한다.

6개의 탄소 원자들로 이루어진 석탄산 화합물들은 폐쇄 고리와 1개 이상의 물 분자로 구성되어 있어 물에도 잘 녹는다. 그래서 입 안에서 향이 오래 남는다. 단순한 고리형태를 2개 이상 이어 석탄산 화합물을 형성한다. 각각의 고리들은 1개 이상의 탄소에 다른 원자들의 추가로 다른 물질을 만들기도 한다. 석탄산 계열 향 물질들은 차별적이며, 정향, 계피, 아니스, 바닐라 등의 향신료와 타임과 오레가노 등의 허브의 풍미를 결정한다.

자극성 화학 물질들은 맛도 향도 아닌, 통증에 가까운 자극성 감각 물질로 향을 제공한다. 감각은 티오시안산염과 알킬아미드로 두 가지 포괄적인 화학 물질 집단으로 가벼운 것과 무거운 것이 있다. 티오시안산염이라는 집단은 겨자, 서양고추냉이와 와사비에서 세포가 손상될 때 생성된다. 이것은 작고 가벼우며 물에 반발하는 분자들로 음식물에서 쉽게 증발하여 우리 입안과 콧구멍 속으로 들어온다. 이것들은 입과 코 모두에서 신경말단을 자극하며, 신경은 뇌에 통증 신호를 보낸다. 두 번째 집단은 알킬아미드로, 많은 식물들에서 미리 형성된 상태로 발견된다. 그 중 대표적인 것이 고추, 후추, 생강, 쓰촨 후추다. 이 분자들은 티오시안산염보다 크고 무거워 쉽게 음식물에서 탈출해 우리 코로 들어오지 못한다. 이것들은 주로 입에 영향을 미친다. 또 그 작용이 대단히 특화되어 있다. 이것들은 특정 감각신경들상의 특정 수용기들에 달라붙어 기본적으로 이 신경들이 통상적인 감각들에 과민해지도록 만듦으로써 자극이나 통증 감각에 집중하게 만든다. 겨자의 티오시안산염도 입과 코에서 이와 비슷한 방식으로 작용하는 것으로 보인다.[3]

그 외, 에스테르는 과일 속의 효소들이 산 분자와 알코올 분자를 결합시켜 생성된다. 황 계열은 보통 조직 손상으로 인해 효소들이 비방향성의 향 선구 물질들과 섞일 때 생성된다. 대부분의 황 계열 방향 물질들은 여러 가지 과일과 채소 맛에 미묘한 깊이를 주기도 하지만 기본적으로는 자극적인 화학 방어 물질이다.

커피와 차는 세계에서 가장 널리 소비되는 음료이며, 다른 식물처럼 화학 방어물질로 가득 차있다. 커피콩과 찻잎은 카페인이라는 방어 물질을 공유한다. 카페인은 인체에 중대한 효과를 미치는 알칼로이드로 약간의 쓴맛을 지니고 있다. 또 차와 커피는 모두 다량의 석탄산 화합물들을 함유하고 있지만, 그것들은 서로 매우 다르다. 커피는 단백질, 탄수화물, 기름의 저장고인 씨앗으로 시작하며, 높은 열로 볶아 다른 식품을 볶았을 때의 풍미가 있다. 차는

---

[3] 해롤드 맥기 "음식과 요리" p605-607

성장하는 효소가 풍부한 잎으로 시작하며, 최소한의 열과 건조에 의해 보존 처리된다.

커피는 가장 복잡한 풍미를 가진 음식물들 가운데 하나다. 그 밑바탕에는 입안을 가득 채우는 신맛, 쓴맛, 떫음의 균형이 자리 잡고 있다. 이 중 쓴맛의 원인은 카페인과 석탄산 화합물들과 갈색 색소들이다. 향 화합물은 800여 가지 이상의 향 화합물들이 확인되었으며, 이것들의 결과로 맛, 흙냄새, 꽃냄새, 과일 향, 버터 맛, 초콜릿 향, 계피 향, 차향, 꿀맛, 캐러멜 향, 빵 냄새, 구운 향, 알싸함, 심지어 와인 향, 사냥감 고기 맛 따위로 묘사되는 온갖 미향들을 제공한다. 로부스타커피는 아라비카커피에 비해 석탄산 물질의 비중이 상당히 높기 때문에 특유의 강하게 볶은 커피에서 중요시하는 연기 냄새, 타르 냄새를 발달시킨다. 커피에 첨가하는 우유와 크림은 타닌산 계열의 석탄산 화합물들과 결합할 단백질을 제공함으로써 커피의 떫음을 감소시키는 반면에 향 분자들과도 결합하기 때문에 전반적인 커피의 풍미를 약화시킨다.

커피 향기성분

최근까지 확인된 커피의 향기성분은 볶은 커피에서는 약 850종, 그린 커피에서는 약 300종류가 확인되었으며 이들 중 약 200종류는 볶은 커피와 그린 커피에 공통으로 존재하는 향기성분이다. 이들 향기성분을 크게 17종류의 group으로 나누어 볼 수 있다. 즉, 탄화수소류 hydrocarbons, 알코올류 alcohols, 알데하이드류 aldehydes, 케톤류 ketones, 산류 및 산무수물 acids and anhydrides,

에스테르류 esters, 락톤류 lactones, 페놀류 phenols, 퓨란류와 피란류 furans and pyrans, 티오펜류 thiopenes, 피롤류 pyrolles, 옥사졸류 oxazoles, 티아졸류 thiazoles, 피리딘류 pyridines, 피라진류 pyrazines, 기타 질소함유 화합물, 기타 황 함유 화합물이다. 이 중에서 티오펜류 thiopenes, 옥사졸류 oxazoles, 티아졸류 thiazoles는 그린 커피에는 없으며 볶은 커피에서만 존재한다. 알코올류는 볶은 커피보다 그린 커피에 종류가 더 많으며, 에스테르 esters는 볶은 커피와 그린 커피가 비슷하다. 알데하이드 aldehydes는 볶은 커피가 그린 커피와 비슷하거나 조금 더 많다. 퓨란, 피라진, 케톤, 페놀, 피롤 furans, pyrazines, ketones, phenols, pyrolles은 볶은 커피가 훨씬 많다.

또한 하이드로카본, 산류 및 산무수물, 락톤, 피리딘 hydrocarbons, acids and anhydrides, lactones, pyridines, 기타 질소함유 화합물, 기타 황 함유 화합물 등은 볶은 커피가 그린 커피보다 종류가 많다. [4]

볶는 과정에서 만들어지는 휘발성 화합물질은 그린커피의 비휘발성 물질인 전구체로부터 나온다. 비휘발성 화합물질은 커피 향미에 중요한 역할을 한다. 커피를 볶을 때 단백질, 클로로겐산과 자당은 감소한다. 그린 커피의 비휘발성 화합물질인 카보하이드레이트, 프로테인, 펩타이드와 유리아미노산, 폴리아민과 트립타민, 지질, 페놀산, 트리고넬린과 다양한 비휘발산 등은 플레이버 조성에 중요한 요소이다. [5]

---

4) Flament, Coffee Flavor Chemistry p69
5) Flament, Coffee Flavor Chemistry p12

유리 지방산은 커피 로스팅시 향미 형성에 영향을 미치는 가장 중요한 인자이다. 지질의 열 산화 분해로 저분자를 생성하는데, 알데하이드같은 헤테로사이클릭 휘발성 화합물이다.

볶은 커피의 캐러멜 컬러의 중합체 구성은 커피생콩의 높은 열처리과정인 180-220℃에서 나온 결과로 중요한 반응(Part III에서 설명)이 2가지가 있다. 하나는 캐러멜화 반응으로 mono-, di-, oligo- 와 다당류의 열분해로 구성되고, 탈수현상으로(주로 furanic type) 재구성한 좀 더 복잡한 분자들이 수용성 캐러멜 화합물 혹은 불용성 고분자로 응축되는 것이다. 다른 하나는 메일라드 반응, 환원당과 아미노산 혹은 저 분자량 펩타이드의 상호작용에 의해 특히 피롤류, 티오펜류, 옥사졸류, 티아졸류와 같은 헤테로 고리 화합물의 질소 및 황 함유물을 구성하는 반응이다.[6]

커피의 향기 성분은 볶는 과정에서 당분, 아미노산, 유기산 등이 갈변 반응을 거치면서 만들어진다. 향 성분의 량은 중량의 0.5%미만인 700-2,500ppm 으로 매우 적은 양이지만 커피의 품질을 결정짓는다.

볶은 커피의 향기 성분은 커피콩의 품종, 재배지 고도, 토양, 기후, 가공과 로스팅 방법 그리고 볶음 정도 등에 따라 달라진다. 저지대보다 고지대에서 재배되는 아라비카종이 향기가 풍부하다. 또한 자연 건조법으로 가공하는 것보다 물로 세척하는 가공이 향기가 풍부하면서 깨끗하다.

---

6) Flament, loc. cit. p38

볶는 과정에서도 향기성분이 달라지는데 중간 볶음까지는 증가하다가 강하게 볶이면서 감소하면서 단순화된다. 짧은 시간에 볶는 방법보다는 충분한 시간 활용이 향기성분을 더 풍부하게 생성한다. 볶은 커피에 나타나는 약 850종의 휘발성 성분 중, 향기의 주요 속성과 연관된 것은 15-20종의 화합물이라는 연구 결과이다. [7]

이제 향기물질 그룹을 간단히 알아보자.

  탄화수소류 Hydrocarbons는 2종류의 원소 즉, 탄소와 수소만으로 구성된 화합물이다. 달콤한 가스 향, 헤이즐럿 향 등이 나타나며 향미는 나프탈레닉하고 오일리하며 고농도에서는 메탈릭한 냄새도 난다. 모노테르펜류 Monoterpene는 좋은 향을 가지고 있다. 이들 중 미르센 β-myrcene, 리모넨 limonene, 시멘 ρ-cymene은 커피, 코코아, 차 등에는 흔하며 앞서 설명처럼 식물류에 공통으로 존재한다. 이 중 리모넨이 가장 많으며 카리오필렌 caryophyllene, 후물렌 humulene, 피넨 α-pinene 순으로 존재한다. 커피의 탄화수소류 화합물은 총 77종류가 존재한다.

  휘발성 알코올 Alcohols은 커피 품종 원료 및 볶음 정도 등에 의해 다소 차이가 있다. 저분자량의 알코올은 대체로 향기성분의 기능은 없으나, 리날로올 linalool과 2- 페닐에탄올 2-phenylethanol은 아라비카커피의 주요한 향기성분이다. 알코올류는 주로 Rio 커피와 stinking 커피에서 많이 나타나며 농도에 따라 레몬향, 과일향, 발효향미 너티 등이 나타난다.

---

7)   이주백, 커피향의 화학 p52

휘발성 알데하이드류 Aldehydes는 아미노산의 스트렉커 Strecker 분해반응에 의해 부분적으로 형성된다. 알데하이드류는 당류가 고온에서 상호 반응하거나 상온에서 아미노산과 폴리페놀 산화효소 polyphenol oxidase: PPO 작용에 의한 폴리페놀물질과의 상호반응 중 산화적 탈 아미노산에 의해 생성된다. 포도당 가열에 의해 형성된 휘발성 성분으로 12개의 지방족 알데하이드가 있다.

식품 향기에 관여하는 많은 고리형 케톤류는 커피에서는 탄수화물에서 형성된다. 생두의 구성성분인 자당은 디케톤류 diketones의 전구체로 볶는 과정에서 주로 파괴된다.

휘발성 향기 구성성분으로서 산류는 상대적으로 고농도 지방족으로 함유되어 있다. 휘발성 지방족 산류는 잠재적인 아로마 화합물이며 일부 볶은 커피에서 땀냄새, 발효냄새로 느껴지기도 한다. 휘발성 산류는 당류의 열분해 과정 중에 형성될 수 있다. 커피 향의 특징을 나타내는 데 중요한 휘발성 산은 신맛 특성과 함께 독특한 향을 나타낸다. 산 함량은 열에 의해 당류의 재배치로 형성된 산류의 탈탄산과 클로로겐산의 탈탄산, 당류의 분해물로부터 초산의 형성과 함께 휘발한다. 따라서 볶음 정도가 강할수록 산함량이 낮아진다. 휘발성이 낮거나 비휘발성 산류는 방향성 성분으로 향미 flavor의 냄새 부분보다 맛의 품질 면에 더 기여한다. 비휘발성 산은 매우 복잡한 관능적인 메카니즘에서 중요한 역할을 한다. 3종류의 주된 산은 구연산, 사과산, 퀸산이며 구연산과 사과산은 볶음 중 감소한다.

지방족, 방향족 에스테르 monofunctional ester 는 과일 향미에 있어 필요 성분인 반면, 볶은 커피의 휘발성 성분에서는 함량이 적게 나타난다. 에스테르는 과일의 대사과정에서 생성되는 물질이다. 그러나 푸푸릴 아세테이트 Furfuryl acetate는 예외로 볶음 중 당류의 캐러멜화에 의해서만 나타나는 푸푸릴 알코올 furfuryl alcohol로서 볶은 커피에서 확인되었다.

락톤류 Lactones는 향기물질로서 여러 종류가 있다. 포화 또는 불포화 지방족 감마락톤 γ-lactone은 강한 버터향, 살구, 복숭아, 코코넛 같은 과일 특성을 가지며 주로 그린커피에서 발견된다. 볶은 커피 향에서는 향신료 특성을 가지며 담배냄새, 나무연기, 양파튀김, 흰 빵 또는 개암 향과 밀접한 관련이 있는 것으로 확인되었다. 락톤 및 전구체인 하이드록시산 hydroxy acid 이 결합된 산은 그린커피와 볶은 커피에 존재하며 커피 향미에 기여한다.

페놀류 Phenols는 자연에 널리 존재하며 대부분 음식물로 소비되고 있다. 약 140종의 단순페놀은 술과 비알코올성 음료를 포함하여 육류, 가금류제품, 우유와 치즈, 견과류, 채소류, 과일류, 및 곡류 등의 식품에 존재한다. 페놀류는 커피 향미의 전형적인 품질에 관여한다. 페놀류는 부정적인 특성으로는 타르 tarry, 스모키 smokey, 우디 woody, 스파이시 spicy, 가죽같은 leathery, 약품같은 medicinal 향기들을 갖지만, 낮은 농도에서는 달콤 sweeter, 따뜻한 warm, 프롤랄 floral, 발사믹 balsamic, 좋은 바닐라 pleasant vanilla, 클로브 clove, 카네이션 carnation 등의 특성으로 묘사된다.

페놀화합물은 단백질, 단백질 열분해물, 탄수화물, 클로로겐산 등의 성분과 공유결합을 한 복합물 또는 축합물로서 존재한다. 갈색의 복합물은 휴민산 humic acid, 커피멜라노이딘 coffee-melanoidin, 캐러멜화합물 또는 정확하게는 메일라드 생성물 등으로 불려진다. 모든 페놀화합물은 245℃에서 일어나는 첫 단계 분해에서 유도되는데 볶은 커피에서 향기성분으로 존재한다. 많은 단순페놀과 방향성 화합물들은 볶은 커피의 향기성분들이다. 퀸산 Quinic acid

의 열분해는 단순산류, 페놀류, 폴리페놀류 등을 나타내며 이러한 전구체로 부터 유래되었다.

퓨란 Furans은 고리형 에테르로서 주로 갈변반응을 일으키는 탄수화물로부터 축합된 화합물이다. 이 물질은 캐러멜 화합물이라고도 한다. 포도당과 다당류의 열분해에서 퓨란성 화합물은 주로 분해산물이며 포도당의 열분해 후 28종류의 퓨란 화합물이 만들어진다. 퓨란 유도체는 설탕이 없으면 형성되지 않는다. 실제로 가열된 식품이나 볶은 식품에서 퓨란이 존재하는 것은 다양한 식품성분에서 비롯된다. 퓨란류는 탄수화물의 전형적인 메일라드 반응 화합물이지만 지질의 가열산화, 티아민 thiamine의 분해, 핵산의 분해 등에서도 형성되며 때로는 커피생두에 존재하는 테르펜성 전구체에서도 형성된다.

티오펜류 Thiopenes는 황을 함유한 헤테로고리형 화합물로 식품의 관능특성에 영향을 미치는 물질이다. 티오펜은 어느 정도 가열처리한 식품, 특히 가열된 육류제품에 다양하게 존재하며 볶은 커피에서는 특히 중요하다.

피롤류 Pyrroles는 가열에 의해 형성되며 다른 형성경로도 존재한다. 피롤류는 알도오즈와 알킬아민의 반응으로 형성되며, 이 반응은 환원당과 아미노산을 포함한 반응으로 예로서 포도당과 알라닌의 축합 또는 포도당과 프롤린 또는 히드록시프롤린 hydroxyproline 축합 같은 반응이다. 알킬피롤류는 페트롤리움같은 냄새 petroleum-like odor가 강하며 희석되면 달콤하고 약간 탄듯한 냄새 sweet, slightly burnt-like 이며, 아실피롤류는 달콤하고 연기같으며 약한 약품같은 냄새 sweet, smoky, slightly medicine-like odor를 나타낸다.

옥사졸류 Oxazoles는 천연에 존재하는 물질이며 아미노산과 단백질에서 형성될 수 있다. 옥사졸류는 펜토산으로부터 형성되는 퓨란과 비슷하다. 퓨란과 함께 방향성 화합물로서 전형적인 방향성 특성을 나타낸다. 옥사졸류는 고리의 질소와 비교하면 피리딘류와 비슷하다. 알킬옥사졸류의 관능적인 특성은 주로 그린 green, 달콤 sweet, 흙 같은 earthy, 채소 같은 냄새 vegetable-like odor 등으로 나타난다. 이러한 헤테로고리 물질들은 그린 green, 채소 같은 vegetable-like 아로마를 나타내고, 일부 옥사졸류는 강한 너티 nutty, 달콤 sweet, 그린 green, 허브 herbal, 채소 같은 vegetable-like 향기특성을 나타낸다.

알킬티아졸류 Thiazoles의 관능적 특성으로 볶은 코코아 향기, 볶은 땅콩 향기, 쇠고기 가공품 향기 등에서 중요한 역할을 한다. 티아졸은 볶은 땅콩의 휘발성 향기성분에서 분리되었으며 상쾌한 nutty 아로마를 가진다.

피리딘류 Pyridines의 형성을 유도하는 경로는 암모니아와 작용하는 알데하이드의 알돌화와 중간분자물질의 고리형성에 의하며, 2-알킬피리딘 2-alkylpyridine 은 디에날 dienal에서 암모니아의 작용으로 형성된다. 피리딘류는 아마도리 Amadori 중간물질의 열분해로 형성되거나 아미노산의 열분해로 직접 생성된다. 볶은 커피에서 피리딘 pyridine의 전구체는 트리고넬린으로 중요하지만 주된 형성경로는 아니다. 티아졸 Thiazole, 피리딘 pyridine, 피라진 pyrazine 등은 주로 단순 알킬 피리딘류로서 그린 향미 green flavor 특성을 나타낸다. 피리딘류는 일반적으로 쓴맛 bitter, 아스트린젠트 astringent, 볶이면서 탄 roasted and burnt 향의 특징을 나타낸다.

피라진류 Pyrazines는 커피 이외에도 여러 가지 볶은 식품에 기여하는 주요 향기성분이다. 세린, 스레오닌과 글루타민등과 단당류의 메일라드 Maillard 반응으로 생성된다. 메틸피라진과 다이메틸피라진은 커피와 볶은 땅콩 향기성분에 포함된다. 6종류의 알킬피라진은 모두 볶은 커피 향기 성분이며 흙 같은 earthy, 볶여짐 roasty을 나타내며 식품의 아로마 역할을 하고 있다. 아세틸피라진은 팝콘향의 특징을 나타내며 피라진류와 피리딘류의 헤테로고리형 화합물은 너티 nutty, 콘 같은 corny, 브레디 bready 향의 특성을 나타낸다.

아민류 Amines and miscellaneous nitrogen compounds는 생선제품과 치즈 특성을 가지며 커피에서 흔히 불쾌한 부패 물질로 여겨져 왔다. 하지만 아민류는 와인, 과일, 야채류, 곡류 같은 식품재료의 향기성분에서 긍정적인 역할을 하고 있다.

황을 함유한 휘발성 화합물은 볶은 커피의 특성에 영향을 미치는 필수 성분이며 커피 향기 발현에 중요한 역할을 한다. 또한 많은 식품에서 불쾌한 향기를 나타내는데, 예로는 열대과일인 두리안에서 황 화합물 Miscellaneous sulfur compounds이 매우 풍부하며 흔히 "냄새는 지옥 같지만 맛은 천국 같다"라고 말한다. 이들 황 화합물은 식물의 자연적인 대사경로에 의해 형성되며, 대부분의 경우 식품재료의 저장 중 또는 볶음공정 중에 생성된다.

커피 생콩에는 향이 거의 없다. 콩을 가열하여 향이 만들어 지는 것은 커피의 아미노산과 당의 역할이 크다. 어떤 식품이든 2개의 성분을 동시에 갖추고 있다면 향 물질을 생성할 수 있는데 이 과정에서 중요한 역할을 하는 것이 전구체이고 전구체는 가열에 의해 향을 생성한다.

볶은 커피에서 생성되는 향은 구체적인 단어를 제시하기 어렵다. 그래서 비슷한 단어의 어미에 '-y' 혹은 '-like'를 첨가한 용어를 사용한다. 커피가 어려운 것은 분명한 향이 복합적으로 발산하여 분명하지 않게 느껴지기 때문이다.

저자체험담
커피 취미생활이 오픈을 하게 만들다.

커피 볶기의 시작은 오랜 직장 생활의 끝부분이다. 1980년 명동에서 사이폰 커피를 처음 접하고, 이전에 마신 미국의 인스턴트커피와 다르다는 것보다는 신기하다는 생각이 들었다. 당시에는 커피를 볶는다는 것과 생커피가 있다는 것조차 몰랐던 시기였고 미군부대를 통해 유통되는 커피는 분쇄된 깡통제품이 전부였다. 1990년대에는 벤처회사에서 일하면서 추출도구를 사원들에게 나누어 주어 커피원두를 백화점에서 구매하여 직접 추출하여 마셨다. 사이폰 커피를 접한 지 20년이 지나서야 커피 생콩이 있고 볶아서 커피를 추출한다는 것을 접하게 되었고, 그 순간 '와 이거 해보면 재밌겠는데?'라는 생각이 스쳤다. 뭔가 만들어 보고 궁금한 것을 따라해 보는 것을 좋아하는 나는 남보다 습득 속도가 빨랐기 때문에 커피 볶기를 해보고 싶다는 생각이 들었던 것 같다. 드립퍼로 커피를 추출해서 마셨던 나에게 새로운 궁금증은 인터넷 검색을 통해 판매하는 곳을 알고 직접 방문하여 커피 생두를 구하고 100g을 볶을 수 있는 전기로스터까지 구매하기에 이르렀다. 내가 사고자 했던 로스터는 그 당시 드라마에서 본 로스터였지만 국내 판매가 되지 않는 국산품이어서 다른 기구를 구할 수 밖에 없었다. 나는 습관적으로 물건을 구매하면 반드시 포함되어 있는 사용방법을 보는 경향이 있어 볶기 전에 탐독하다시피 하고 커피를 볶았다. 자동으로 볶여지는 도구이기는 하지만 결과물을 보고 나름 뿌듯해하면서 추출을 하고 커피를 즐겼다.

오랜 회사생활을 접고 지루한 나날을 보내던 중에 좀 더 전문적인 커피를 배워보고자 단국대 평생교육원 커피전문가 과정을 등록하였다. 취미로 배우기에는 조금 비싸서 잠시 망설이기도 했던 기억이 난다. 2002년 당시 우리나라의 커피트렌드는 일본에서 들어온 방식으로 강하게 볶는 기술이 성한 시기였다. 나에게 추출은 이미 즐기고 있던 취미였기 때문에 배우는 것이 어렵지 않았지만 로스팅부분은 배우기보다는 본다는 정도였다.

배웠다고는 하지만 상업적인 기계를 보유하지 않은 상태에서 연습을 반복적으로 할 수 있는 것도 아니었고, 듣는 내내 온통 이해할 수 없는 말들로 받아쓰기 급급했었다. 그로부터 5년이 지난 후, 샵을 오픈하고 운영하면서 예전의 노트를 다시 볼 기회가 생겼을 때 알 수 없던 단어들이 모두 이해가 되었다. '아 그 말이 이 말이었어~~'

사용하고 있는 소형 전기 로스터로는 커피를 강하게 볶을 수 없었다. 그래서 만족도를 높이기 위해 웍(바닥이 둥근 후라이팬)을 이용하여 가스 불에 20여분을 볶기 시작하였다. 키가 작아 가스불 앞에 의자를 놓고 올라가서 웍을 흔들었다. 가끔 가스불 위에 있는 팬 작동을 잊어버려 집에 연기가 가득차면 혹시나 스프링클러가 작동할까봐 조마조마한 경험도 있다. 다른 집에서 불났냐고 초인종을 누르기도 하였다. 이렇게 하기를 2년 반. 팔이 아프고 커피 볶기를 힘들어할 즈음, 커피전문점을 운영하고 있는 선배들이 작은 상업용 기계를 같이 구매할 생각이 없냐고 하였고 결국 남편의 중간정산 퇴직금으로 사서 아파트에 설치하고 1년 반을 더 볶았다. 그리곤 자신만만하게 커피전문점을 오픈했다. 그러나 자신감은 그리 오래가지 않았다. 6개월쯤 지나면서 나의 커피는 완성이 덜 되었다는 궁금증이 생기기 시작하였다. 마침 일본으로 커피를 배우러 갈 기회가 왔다.

커피 로스팅에 물리적인 현상은

색상 변화

　커피나무의 성장환경 조건, 커피 품종과 처리과정은 볶는 과정에서 나타나는 색상에 영향을 준다. 성장 환경 조건 중 생산고도는 중요한 역할을 하는데 고도에 의해 맛 성분 물질과 향 함유량이 결정된다. 저지대에서 성장한 커피는 엷은 백색을 띄며 볶으면 노란색이 된다. 반면 고지대에서 성장한 커피는 녹색을 주로 띄며 볶으면 노란색이 된다. 노란색이 되는 온도는 대체로 130℃에서 시작이 되며 짧은 시간에 볶을 경우 커피콩의 내부의 색상은 표면에 비해서 좀 더 밝은 색으로 예측된다.

커피콩이 커지는 이유

　커피콩을 볶는 동안 열의 가속화에 의해 증기와 가스(CO_2)가 형성되고 콩 내부 세포에 높은 압력을 형성한다. 콩 내부의 기공은 압력이 형성되기 전까지 크기의 변화는 없다. 커피콩의 구조, 수분 정도, 커피의 온도 프로파일은 콩의 확장에 영향을 준다. 커피 품종과 볶는 시간, 볶음 정도, 그리고 열주입 방법에 의해 커피의 크기는 두 배 이상이 되기도 한다. 밀도가 높고 단단한 콩은 커지는 시점이 다소 늦어지고 부피의 증가는 커피콩의 표면에서 실버 스킨을 분리시킨다. 그러나 실버 스킨의 분리 시점은 열 주입에 의해 다르지만 되도록이면 마지막 단계에서 분리되도록 한다. 이유는 볶는 과정에서 실버스킨이 초기에 분리되면 콩 표면을 보호하기 어렵기 때문이다.

　콩 내부 세포의 압력은 확산에 의해 가스 혼합체가 형성되고 확산이 극대화되면 커피의 약한 부분으로 분출하게 된다. 이 때 두 번의 소리가 나면서 빠져나가는 물질이 있다. 첫 번째는 증기가 빠져 나가는 것이고, 두 번째는 이산화탄소의 형성에서 비롯된 현상으로 팝핑 popping이라고 한다. 크랙 crack 이란 단어가 팝핑과 더불어 사용되지만 크랙은 소리가 나지 않는 상태, 즉 열에 의한 부피가 급격히 증가할 때도 일어날 수도 있어 소리와 함께 나는 현상은 주로 '팝'이 더 보편적으로 사용된다. 이 과정을 거친 최종 결과물인 커피콩은 마른 상태의 부서지기 쉬운 상태가 된다.[8]

유리전이온도

유리상에서 고무상으로 변모하는 국면을 '유리 전이 온도 Glass transition temperature'라고 한다. 커피를 볶는 과정에서 유리상일 때보다 고무상일 때 팽창이 잘 일어난다. 커피콩의 수분 정도에 따라 유리 전이 온도는 달라지는데 예로는 커피콩의 수분 잔존 12%일 경우 100℃이고 4%일 경우 유리 전이 온도는 140℃에서 올라간다. 콩의 온도가 높이지면서 커피는 고무상이 되며 팽창이 용이해지면서 부서지거나 세포의 파괴가 쉽게 일어나게 된다.

커피를 완전히 식히기 전까지 유리전이온도는 상승하며 냉각이 진행되면서 진행을 멈추고 단단한 상태가 된다.[9]

---

8) 커피로스팅, 얀센,주빈
9) 커피로스팅, 얀센,주빈

질량 감소(weight loss)

볶은 커피의 총 손실 질량은 12-23%이며 볶음 정도나 열주입 방법에 따라 차이가 있다. 이는 생두 수분 함량, 물리화학적 변화, 가스 방출량과 관계가 있다.

무게뿐만 아니라 커피콩의 성분도 감소하는데 이 때 최대 감소 비율을 차지하는 것은 수분과 실버스킨이다. 건조 성분으로는 이산화탄소 CO_2가 가장 많이 감소하며, 일산화탄소 CO, 질소 N_2, 휘발산과 휘발성 향미 화합물들이 감소한다.

밀도(Density)

커피콩은 질량 감소나 부피 팽창과 더불어 커피콩의 밀도도 감소한다. 밀도는 짧은 시간에 볶는 경우가 길게 볶는 경우에 비해 감소폭이 크다. 시간이 비슷할 경우, 열 공급 방법에 따라 다르게 나타난다.

볶은 후 가스 방출 현상

볶은 커피는 저장 중에도 가스 방출이 일어나며 이것은 곧 질량 감소로 이어진다. 이 같은 현상은 콩의 세포 내부에 높은 가스 압력과 세포 외부와의 압력 평형 상태가 될 때까지 계속 이어지며 주로 이산화탄소 CO_2가 대부분이다.

가스의 방출 현상은 커피콩의 종류와 볶음정도 그리고 볶은 시간에 따라 차이가 나타나지만 평균적으로 0.8% 정도이다. 가스 방출 속도 역시 열 주입 방법에 따라 달라질 수 있다.

수분 증발/탈수(dehydration) 과정

커피콩을 볶는 과정에서 수분 증발 및 탈수 과정이 나타나며 100℃ 까지는 증발 evaporation하고 이후 기화 vaporization가 일어난다. 커피콩의 수분 함량은 특성에 중요한 영향을 미친다. 물리적이나 화학적인 가공으로 인한 변화뿐만 아니라 성분도 감소한다. 콩의 수분 함량에 따라 볶는 과정에서 수분이 증기로 변할 때 에너지 량이 달라질 수 있다. 수분 함량이 많은 커피콩은 마른 상태의 콩보다 열전도율이 높기 때문이다.

커피콩 온도가 100℃가 될 때까지 커피콩 표면의 자유수 free water는 드럼 안의 온도에 의해 증발한다. 드럼 내부 공기는 콩의 온도 보다 높기 때문에 콩으로부터 수분 증발을 지속하게 만든다. 커피콩의 내부는 증발이 일어나고 있는 콩 표면과의 수분 평형을 유도한다. 즉, 내부로부터 표면으로 수분 확산이 일어나고 볶는 과정의 진행에 따라 수분 증발이 지속된다.

온도가 100℃이상이 되면 콩의 표면에서 기화를 시작한다. 이때 증기의 양은 증가하고, 커피콩 내부 압력이 상승한다. 증기는 세포 내부 표면의 압력에 영향을 미칠 뿐만 아니라, 아직 액체 상태로 남아 있는 수분에게도 압력이 미치면서 끓는점은 상승한다. 열 주입을 계속하면 콩의 표면 경화에 의해 내부의 증기 압력이 증가하면서 수분 온도는 계속 상승하게 되고, 증기 압력 또한 덩달아 상승하게 된다. 수분이 끓으면 계속해서 수분이 증발하게 되고, 수분에 미치는 증기의 압력은 더욱 상승하는 것과 같은 이치이다. 물론 커피를 볶을 때 증기는 지속적으로 반투과성의 세포벽을 통과하여 흩어지지만, 이것은 압력이 점차적으로 상승하는 것을 막을 정도는 아니다. 예를 들어 1bar 만큼의 압력 상승으로 수분의 끓는점은 100°C에서 120°C로 높아지고, 4bar

만큼의 상승으로 끓는점이 150°C로 높아진다. 커피콩 세포 내부에 형성된 압력은 볶는 단계의 끝으로 갈수록 5bar에서 20bar까지 증가하고, 이는 커피콩의 종류, 볶는 시간, 볶음 정도, 열 주입 방법에 따라 다르다. 20bar 가 넘는 압력 상태는 짧은 시간에 강하게 볶을 경우에 나타난다.

수분 증발은 기화 단계일 때 가장 많이 일어나고 볶음 정도가 강할수록 콩의 압력이 증가하여 증발이 다소 감소한다. 발열반응 단계에서는 산화작용 oxidation으로 인해 약간의 물이 더해지는데 그 함량은 정확히 알 수 없다. 볶는 시간이 짧으면 수분은 덜 증발된다.[10]

오일 이동(Oil migration)

볶는 과정에서 비휘발성 지방류는 양의 변화가 없고 지질의 대부분은 세포 내부에 액체 상태로 존재한다. 갇혀 있던 지질의 일부는 커피콩의 표면을 향해 이동하기도 한다. 강한 열로 짧은 시간에 볶으면 지질이 **빠져 나오게 된**다. 또한 짧은 시간에 극단적으로 볶음 정도를 강하게 볶으면, 기름은 세포 내부 압력과 가스의 방출 속도에 의하여 표면으로 빠르게 이동한다.

커피 로스팅에 화학을 왜

커피를 볶을 때 일어나는 반응은 두 가지이다. 하나는 눈에 보이는 현상이고 나머지는 눈에 보이지 않는 현상이다. 눈에 보이는 현상으로는 관찰이 용이한 물리적인 현상이다. 이 같은 현상은 눈으로 확인이 가능한 변화로 색,

---

10) 커피로스팅, 얀센, 주빈

크기, 주름, 센터 컷의 움직임, 스킨의 벗겨짐 등이다. 더불어 청각을 통해 팝이 일어나는 소리를 들을 수 있다. 관찰을 통해 화력을 제어하고 배출하는 시점을 배울 수 있는 기회는 많다. 최근에는 로스팅에 관한 책과 번역본이 출간되고 있어 특별히 기술 서적이 없던 10여 년 전 보다는 쉽게 학습할 수 있게 되었다.

커피 향에 대한 연구는 국내에 커피가 성행하기 이전에 화학과 물리를 전공한 과학자들에 의해 이루어졌다. 과학을 전공하지 않은 커피전문가가 커피의 화학반응을 연구하기는 힘들고 또한 이해하기도 어렵다. 그러나 로스팅 전문가가 되기 위해서는 향 발현 과정으로 열 화학반응을 이해하는 것이 중요하며 이것은 커피를 볶는 과정에서 반응을 예측할 수 있어 변화에 대한 제어가 가능하게 해준다.

눈에 보이지 않는 현상을 예측하는 것은 중요하다. 예측이란 수집된 정보를 가지고 있거나 경험에 의해 가능하다. 커피 성분은 열을 흡수하면서 일어나는 반응으로 인하여 수분이 날아가고 분자들이 쪼개지기도 하고 축합하기도 하며 반응 중간체가 형성된다.

로스팅이 진행되면서 열이 계속 가해지면 열분해로 인하여 향이라는 화합물이 생성된다. 마지막 단계에서 만들어지는 생성물은 보다 안정된 물질이다. 간혹 볶는 과정에서 열 진행이 원활하지 않거나 혹은 열이 정지할 경우 화학 반응은 다르게 일어날 수 있고 불안정한 물질이 될 수 있다.

열에너지를 활용하여 보이지 않는 화학반응을 통해 향미를 발현시키는 것이 커피 로스팅이라고 하면 시작하기도 전에 포기할 수도 있다. 화학반응은 보이지 않는 반응이니 만큼 공부를 해도 티가 나지 않지만 커피를 볶을 때 많은 도움이 된다. 과학 지식을 바탕으로 커피를 볶으면 모르고 볶는 것보다 결과물이 좋다.

이해를 돕기 위해 커피와 관련은 없지만 우리가 경험할 수 있는 일반적인 예를 들어보자. 비좁은 주방에 식탁이 하나 있다. 잠을 자다가 목이 말라 불이 꺼진 주방을 걸으면 식탁이나 의자에 부딪힐 가능성이 높다. 그러나 이런 과정을 몇 번 겪으면 그 다음부터는 식탁이나 의자의 위치를 인지하고 몸이 알아서 피한다. 정보를 입력한 상태에서 커피에 적용하여 보이지 않는 현상을 알고 볶으면 결과물의 완성도가 높아진다. 결국 보이지 않는 현상이란 화학이며 커피 볶기에 있어 화학은 중요한 요소이다.

커피로스팅 과정 이해하기

커피콩은 220-260℃의 온도까지 볶으며, 보통 90초-15여분의 시간이 걸린다. 콩의 온도가 물이 끓는점 가까이 올라가면 세포 안에 들어 있던 소량의 수분이 수증기로 변하면서 콩의 부피가 부풀어 오르기도 한다. 온도가 점점 더 올라가면서 단백질, 당, 석탄산 물질들, 그 밖의 성분들이 분자 크기의 조각으로 파괴되고, 이것들이 서로 반응을 일으켜 메일라드 반응에서 전형적으로 나타나는 갈색의 색소들과 구운 향이 발달한다. 콩의 온도가 160℃ 정도가 되면 이러한 반응들이 자동으로 지속되며, 극단적인 분자의 파괴로 인해 더 많은 수증기와 이산화탄소가 발생하는데, 200℃에서 급격히 증가한다. 로스팅을 계속하거나 너무 높은 열을 주입하면 손상된 세포에서 커피콩 표면으로 기름이 빠져 나오면서 반들거리는 것을 볼 수 있다. 일부 기름으로 콩을 코팅하듯이 배출하면 향이 날아가는 것을 막을 수는 있지만, 저장 중에 산소로 인하여 산패가 일어날 수 있는 확률도 높아진다. 볶음 정도의 선호도는 사람마다 다르지만 볶음 이후, 저장과 소비 및 유통까지 고려하는 것이 더 중요하다.

커피콩이 목표하는 시점까지 볶여지면 찬 공기나 물 스프레이로 곧바로 식혀 분자의 파괴를 중단시켜야 한다. 완성된 콩은 갈색의 쉽게 바스러지고 스펀지 같은 콩이 되며 기공(스펀지) 속의 구멍들은 이산화탄소로 채워진다. 대형 기계를 사용하여 커피를 볶을 때는 물을 분사하여 뜨거운 콩을 식히는 데, 결과물인 커피콩의 수분율은 4%를 넘지 않도록 해야 한다. 4%가 넘으면 변질되거나 산패의 위험이 높아지기 때문이다. 작은 규모의 경우는 찬 공기로 식히면 2%미만의 수분을 유지할 수 있다.

로스팅 단계는 크게 수분날리기, 로스팅단계, 냉각단계로 3단계이다. 실제 열을 활용하여 볶는 단계는 2단계이다.

수분 날리기 (초기 - 마이야르 반응)
커피콩은 마른 듯 보이지만 수분함량이 약 8-12% 가량 있다. 수분이 남아 있으면 볶이기보다 찜이 될 수 있기 때문에 커피를 볶기 위하여 수분을 미리 제거해야 한다. 콩의 겉면과 내부의 수분을 골고루 제거하기 위하여 열량 조건이 중요하다. 화력이 너무 높으면 콩 표면에 경화가 일어나 내부의 수분 증발이 충분히 일어나지 않는다. 이 단계에서는 콩의 내부로 침투할 수 있는 최대의 열을 주입하되 표면이 경화되지 않도록 하는 것이 중요하다.

수분 날리기 단계에서 특히 콩 겉면의 체프가 미리 제거되지 않도록 해야 한다. 왜냐하면 체프가 콩의 표피를 보호하는 역할을 하기 때문이다. 너무 빨리 체프가 날아가면 콩 표피의 건조가 빨라 표면에 상처를 줌으로써 휘발성 화합물이 제대로 형성되지 않을 수도 있다.

로스팅 단계 (마이야르, 캐러멜화 – 마지막)

실제 볶는 단계로 콩의 성분들이 향과 맛의 전구체로부터 분해와 결합, 생성 등을 통해 발현된다. 콩에 열 주입이 증가되면서 콩의 압력이 높아지고 부피가 커지는 단계이기도 하다. 이 단계는 콩의 온도가 120℃ 이상에서 최대 240-260℃까지 진행하므로 화력이 충분히 주입되어야 한다. 화학반응이 제대로 일어날 수 있도록 적절히 높은 화력으로 타이밍을 맞추어 향미를 발현시킨다.

냉각 단계

완성된 커피는 배출 후에도 콩의 온도가 높기 때문에 쉽게 식지 않는다. 볶는 커피의 양이 많을수록 배출한 후에 남은 열로 인해 진행이 될 수도 있기 때문에 빠르게 냉각을 해야 한다. 적어도 4분 이내에 냉각이 가능하도록 한다. 특히 우리나라의 사계절 중 여름은 냉각이 어려울 수 있으므로 이에 대비해야 한다.

열주입 방법에 따른 맛과 향의 차이가 나는가

열을 이용하여 커피콩을 굽는 것은 볶기 전 상태에서는 맛과 향을 우려낼 수 없기 때문이다. 수용성 물질을 물에 쉽게 우리기 위하여 커피생콩은 굽는 과정을 통해 조직을 완화시킬 필요가 있는 것이다.

커피를 볶는 것은 열량이 중요한데 사용하는 기계가 어떤 종류의 열을 활용하는지 열량이 얼마인지 알아야 한다. 이것은 커피를 볶을 때 열을 어떻게 콩 안으로 주입할 것인가에 따라 결과물에 차이가 나고 기계마다 최대 열량과 활용에 차이가 있기 때문이다. 기계 설계에 따라 열 손실이 있을 수 있으며, 만약 열 손실이 발생하면 손실된 열량만큼 보충을 할 수 있어야 한다. 이때 너무 많은 열을 주입하면 오히려 콩의 겉면을 그슬릴 수 있다는 점도 유의하자. 볶는 과정에서 총 열량이 부족하게 되면 커피는 nutty 하거나 woody할 수 있다. 또한 화력은 강한데 콩 내부까지 전달되지 않는 경우도 있다.

높은 온도에서 빠르게 진행된 커피는 Chocolate, caramel 향과 body가 좋으며 적정 온도에서 진행되는 커피는 fruity, floral, acidity 하다. 열을 효과적으로 적용하는 것은 원하는 향미를 만들어내는데 중요한 역할을 한다.

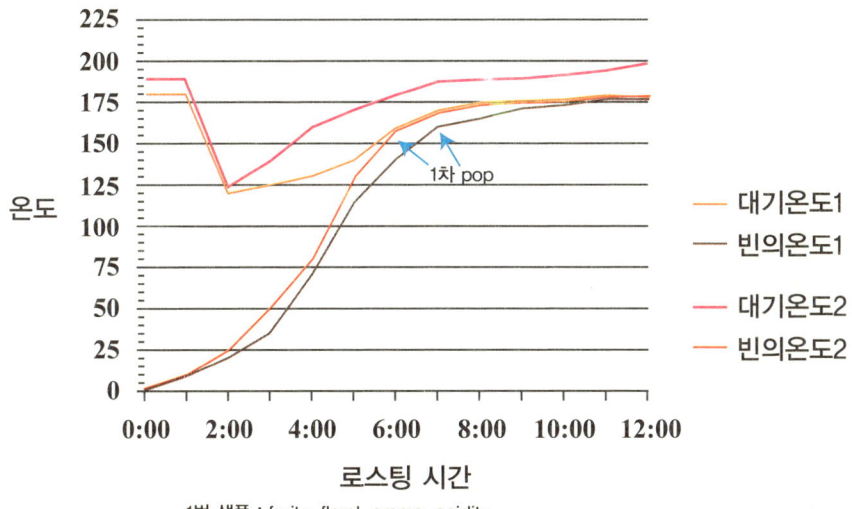

<그림>열관리에 따른 프로파일 (출처: ACE 세미나 중)

볶음정도는 어떻게 다른가

볶음정도에 관한 기준은 나라마다 다르고 볶는 사람마다, 사용하는 사람마다 다르다. 우리나라에서 가장 많이 사용하는 기준은 일본책에 나와 있는 것과 미국의 기준이다. 최근 큐그레이더(Q-Grader) 혹은 알그레이더(R-Grader)라는 커피 품질을 선별하는 자격증이 미국으로부터 국내로 유입되면서 미국 SCAA 기준이 점차 확대되고 있다.

그러나 최근에 빠르게 커피 생두의 품질이 달라지고 있고 지역마다의 특성이 다른 지역으로 확대됨과 더불어 기후와 병충해에 유리한 조건으로 재배되고 있다. 볶음정도의 기준은 콩마다 달라질 수 있고 콩이 자란 환경에 의한 성분의 변화로 인하여, 볶는 과정에서 색의 형성시간도 달라질 수 있다.

43

밝은 볶음

 향을 기준으로 볶음정도를 설명하자면 밝은 볶음의 커피는 저분자 화합물의 생성으로 맛보다 휘발성 향이 강하게 나타난다. 분쇄 과정에서 향은 휘발되는 경우가 많고 맛은 신맛이 강하게 나타난다. 자칫 신맛이 너무 강해 거부감을 줄 수도 있으며 간혹 성분의 완전 분해가 일어나지 않아 채소 같은 쓴맛을 나타내기도 한다. 그러므로 부족한 열을 투입하여 완성도를 높이도록 하는 것이 중요하다.

중간 볶음

 중간 볶음은 볶는 사람에 따라 차이가 있지만 보편적으로 1팝 끝 이후부터 2차 팝 직전까지 사이로 기준의 폭이 넓다. 중간 볶음의 특징은 휘발성 향 성분들과 음용하면서 후미에서 느낄 수 있는 향미가 동시에 나타나는 것이다. 약간의 쓴맛과 신맛이 있지만, 신맛은 sour 보다는 acidity 한 맛이 더 확연하게 나타난다.

강한 볶음

 볶음도가 강해지면서 건류에서 발생하는 향들이 생성된다. 휘발성이 강하기보다 음용 후 느껴지는 향미가 주로 느껴진다. 콩의 색이 짙어지면서 향은 다양하기보다 강력한 몇 가지의 향으로 나타나며 향 분자들의 결합력 또한 강하다. 커피마다 다른 특성을 가지고 있지만 강하게 볶으면 비슷한 향으로 나타나며 신맛 성분의 정도에 의해 강하게 볶아도 약한 신맛이 남기도 한다. 색이 짙어지면서 당을 태우는 단계로 진행이 계속되면 쓴 맛이 더욱 증가되어 자칫 태운 맛으로 발전하기 쉽다.

볶음 정도의 경계

 커피를 볶다 보면 볶음 정도의 경계가 뚜렷하지 않는 경우가 있다. 대표적으로 콩의 겉 표면 색인데 로스팅을 마친 후에 커피를 분쇄하여 컬러를 측정하면 겉 표면보다 진할 수도 있고 연할 수도 있다. 콩의 딱딱한 겉면과 부드러운 속을 같은 색으로 볶기 어렵다. 그래서 겉과 속의 색이 다르게 나타나는 경우는 열의 주입에 따른 결과이기도 하고 열 종류의 활용도에 의한 것이기도 하다. 겉과 속이 다를 경우 두 가지 향과 맛이 공존할 수도 있기 때문에 이러한 결과는 좋을 수도 있고 안 좋을 수도 있다. 따라서 볶음 정도의 허용치는 존재하게 된다. 이는 볶는 이에 따라 달라질 수 있으며 다양하게 나타나기 때문에 자신만의 볶음정도를 정하고 그 기준으로 경계를 어떻게 할지 결정하면 된다. 경계를 뚜렷하게 볶을 것인가 혹은 섞이게 볶을 것인가는 개인의 선택이다.

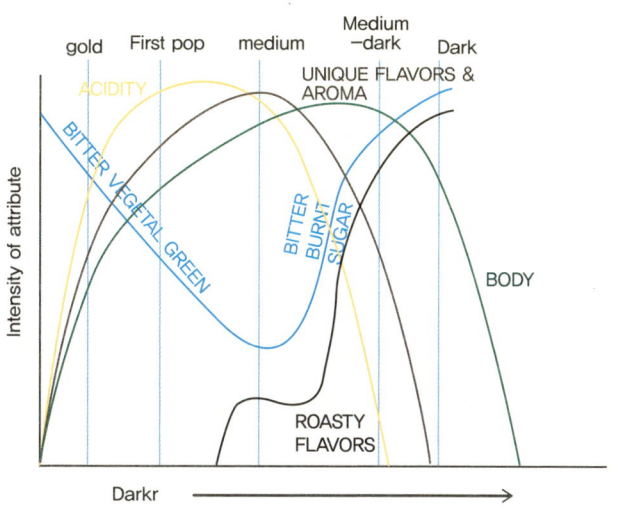

<그림> 로스팅 진행에 따른 플레이버의 발현 (출처: ACE 로스팅 세미나)

로스팅 온도가 중요한가

커피를 로스팅할 때 온도는 기계 판매사에서 미리 셋팅한 상태를 이용하는 경우가 많다. 이 상태를 활용할 것인지 아닌지의 판단은 각자에게 있다. 로스팅 초보라면 제공하는 기계의 기본적인 정보를 이용하여 볶아보는 것도 좋은 방법이다.

샘플로스팅의 경우 열량은 큰불, 작은 불 두 가지가 대부분이다. 샘플로스팅은 단순한 그린커피의 품질이나 특성을 알아보기 위하여 볶는 방법이다. 볶음도는 약하게 볶고 8시간에서 24시간 안에 커피의 향과 맛을 커핑(관능)으로 점검한다. 샘플용으로 볶은 커피는 보기에 정상일지라도 2-3일이 지나면 맛과 향을 잃어버린다. 만약 볶고 다음날까지 사용한다면 가능하겠지만 고객에게 제공하는 커피는 샘플용 볶음보다는 상업적으로 오래 사용하도록 길게 혹은 많은 열량으로 볶아야 한다.

커피콩의 실제 온도는 측정하기 어렵다. 물론 커피콩 한 알을 로스팅하는 실험이 진행되고 있지만 실제로 드럼 안에서 볶여 지는 커피콩의 온도는 측정하기가 불가능하다. 우리가 알고 있는 온도는 드럼통 안의 온도 혹은 배기통의 온도일 뿐이고 온도센서가 드럼 안에 모여 있는 콩 위치에 있더라도 그것은 콩 표면에 스치는 온도에 불과하다.

일부 커피 문헌에 보면 커피콩은 180℃에 1차 팝이 시작되고 200℃가 되면 2차 팝이 시작된다고 한다. 커피의 팝핑은 하나의 콩에서 한번 혹은 여러 번 반복이 될 수도 있다. 스페셜티커피의 경우 팝핑 유지 시간이 일반 콩에 비해 짧을 수는 있다. 그러나 스페셜티커피 콩의 크기가 고르다고는 하지만 밀도가 비슷하다고 보기는 어렵다. 그래서 팝핑이 한번 투입된 콩 전체에서 동시에 시작된다고 볼 수 없기 때문에 커피를 볶는다는 것이 어려운 일이라 할 수 있다.

커피를 다 볶은 후에 게이지를 통해 확인할 수 있는 드럼 혹은 배기의 배출 온도는 실제로 커피콩의 온도와 다르다. 막 배출되는 커피콩의 표면 온도를 측정하면 220℃-260℃이다. 이것은 콩 표면의 온도일 뿐 커피콩 내부온도는 측정하기 어렵고 다만 예측할 뿐이다. 이 때 커피콩 표면 온도와 콩 내부 온도가 다를 경우 커피의 겉과 속의 익음 정도도 다를 수 있다는 것을 예측해야 한다. 커피콩은 반드시 200℃이상까지 도달하도록 해야 향과 맛이 형성된다. 시작 열량, 중간 열량, 마지막 열량에 관계없이 커피콩의 온도는 콩 자체의 온도보다 많은 열량을 받으면 실온에서 팝핑이 일어나는 시기까지 온도는 계속 올라가면서 향과 맛을 결정한다. 다만 열량 주입이 느리게 혹은 빠르게 진행되느냐에 따라 품질도 다를 수 있다는 점이 커피의 다양성을 보여주고 있다. 결국 열량과 진행 과정 등이 서로 일치해야 그 커피의 특성을 살릴 수 있는 것이다.

로스팅 시간이 중요한가

커피 로스팅에 익숙하지 않은 입문자는 로스팅 할 때 온도와 더불어 몇 분 동안 볶았는가, 몇 분에 1팝이 일어났는가를 궁금해 한다. 볶는 시간은 온도 다음으로 중요하며 서로 연관되어 있다. 그러나 커피를 볶을 때 몇 분 안에 볶아야 한다는 원칙은 없다. 과거에 출판되었던 서적에서 HTST, LTLT라는 용어가 나온다. HTST^{High temperature short time}는 높은 온도에서 짧은 시간에 볶는 방법이고, LTLT Low temperature long time 는 낮은 온도에서 긴 시간 볶는 경우의 예로, 조건을 만들어 연구 실험을 한 것이다. 산업 로스팅에서는 주로 HTST를 사용하여 볶는다. 이는 휘발성 향이 강하게 나기도 하지만 추출 시 수율이 높기 때문이다. 산업에서 인스턴트음료나 캔음료를 제조할 때 하나의 콩에서 최대한의 수율을 추출해야 하는 관계로 수율이 많이 나오는 방법의 로스팅을 권장하기 때문이었다. 이에 비해 LTLT는 HTST보다 향도 적게 표현되고 단순한 맛이 난다고 한다.

  중소규모의 기업들은 주로 중소형 기계들을 사용하고 로스팅 시간은 보통 8분-20여분 소요하도록 설계 되어 있다. 이 기계들은 3-5분 동안 볶기에는 열량이 충분하지 않기 때문이다. 산업에서 말하는 LTLT 또한 약 20분 안에 볶여지는 경우이다.

  로스팅은 커피가 완성되는 시간보다는 단계별로 시간과 열량의 관계를 잘 적용하여 드럼형 로스터의 특성에 맞도록 커피를 만드는 것이 중요하다. 어느 단계에서 열량과 시간을 적절히 활용하고 커피 성분들의 화학반응, 즉 분해와 합성을 잘 일으켜 목표로 하는 향미를 발현하느냐이다. 콩 안에 있는 수분을 날리고, 열을 이용해 카라멜화와 메일라드 반응은 화학반응으로 커피 향미를 만드는 것이다. 단순히 열량만으로 커피콩의 변화를 일으키기 보다는 적절한 화력으로 접촉시간 동안 콩의 겉과 속에서 지정한 열량이 복합적으로 작용할 수 있도록 조건을 주는 것이다.

  단순히 온도를 셋팅하고 시간만을 체크하면 날마다 변하는 커피의 상태에 맞추기가 어렵다. 주변의 기후 환경과 변화하는 커피생콩의 상태를 고려하여 온도와 시간을 셋팅 하는 것이 보다 좋은 결과물을 얻을 수 있는 방법 중 하나이다. 커피는 공산물이 아니고 하루하루 변하는 생물이므로 열량과 볶여지는 시간에 따른 변화와 향 등을 체크하면서 대처하는 것이 좋다. 로스팅 프로파일을 정하고 그대로 시행하는 것이 가장 좋은 방법이나 날씨의 변화가 많은 우리나라에서는 일 년 내내 같은 프로파일로 볶을 수는 없다. 여름에는 드럼으로부터 열 손실이 적을 수 있고 겨울에는 열 손실이 클 수 있다. 언제든 변화를 감지하고 대처함이 볶여진 커피 품질을 좋게 만들 수 있다.

저온/고온로스팅이란

로스팅을 하는 방법 중에 고온 로스팅, 저온 로스팅에 관한 작은 논란이 일고 있고 커피를 가르치다 보면 질문 또한 많다. 이에 대한 정확한 이해가 필요한 것 같다.

고온, 저온 하는 것은 기준을 중심으로 '보다 높게', '보다 낮게' 라고 생각할 수 있다. 커피를 볶을 때 기준을 설정하면 좋다. 여기서 기준이란 볶는 기계를 잘 이해하고 최대한 활용하는 방법으로 볶는 것을 말한다. 커피를 볶을 때 반드시 그 콩의 향과 맛이 발현되는 절대 열량이 있고, 적절한 시기에 공급하지 않으면 향이 만들어 지지 않을 수 있다.

고온 로스팅은 왜 할까? 수율을 높이기 위하여 라고 앞서 설명하였다. 고온 로스팅을 하는 기계는 높은 열량을 만들 수 있어야 한다. 콩의 내부까지 열을 충분히 전달하기 위해서는 고온의 화력이 필요한데 화력만 세면 고열이 겉만 스쳐 그슬릴 수 있고 내부는 안 볶이거나 수분이 갇힐 수 있다. 산업에서 사용하는 고온 단시간에 볶는 기계는 태우지 않으면서 잘 볶인 커피를 만들 수 있다.

저온 로스팅은 고온 로스팅의 반대 개념으로 장시간 저온 로스팅이라고 한다. 산업에서 저온 장시간 로스팅은 약 15분 이상 소요됨을 언급하고 있다. 그렇다면 소형 로스터에서 볶는 시간이 15분 이상 되는 것은 저온 로스팅 일까? 이 부분은 정답일 수도 있고 아닐 수도 있다.

현재 일부 로스팅 교육 중에 고온, 저온을 언급 하는 것은 콩 투입 시 고온에서 혹은 저온에서 하는 것을 말하는 경우일 수도 있다. 이는 투입 방법에 의해 저온, 고온 로스팅이라고 말하기 보다는 저온, 고온 투입이라고 하는 것이 옳다. 커피를 볶는 방법은 기계의 특성에 의해 결정될 수 있으며, 콩의 상태에 따라, 볶는 사람의 개성에 따라, 표현하고자 하는 향미에 따라 방법이 다를 수 있다.

커피콩과 열관계

커피를 로스팅 할 때 온도게이지에만 집중하고 정작 중요한 것을 놓치는 경우가 있다. 최근에 만들어지는 로스터는 온도센서가 회전하는 드럼 내부에 설치되는데, 특히 콩이 정체되어 있는 곳에 설치하여 콩의 스치는 온도를 체크한다. 일반적으로 온도 센서는 배기 혹은 드럼 안 공기 중에 있는 경우도 있는데 온도 센서의 설치된 위치에 따라 열 흐름을 점검할 수 있다. 배기 쪽 센서의 온도가 올라가면 손실 또한 높다고 볼 수 있다. 콩의 스치는 부분이 정확한 콩의 온도는 아니더라도, 볶는 과정에서 콩의 표면 온도와 내부의 온도를 예상할 수 있다.

다른 사람의 프로파일을 따라 해보는 경우 중간에 불을 끄거나 낮추는 모습을 본다. 이런 경우에는 프로파일을 만든 사람이 사용하는 기계의 특성을 파악하고, 분석한 후에 나에게 적용하여야 한다. 보통 일정한 화력으로 콩을 볶을 때, 수분이 날아가는 마지막 단계에서 상승되는 온도그래프는 상승속도를 늦추는 것을 볼 수 있다. 이는 충분한 수분 제거를 위하여 커피콩이 열을 흡수하기 때문에 드럼 안의 온도는 변화를 최소화하는 현상이다. 현상에 대한 이해 없이 참고하고자 하는 로스팅 프로파일을 그대로 적용하는 것은 실패하는 이유가 되는 것이다.

　커피는 볶는 것이다. 단순하게 딱딱한 물질을 부드럽게 만들어 입에서 씹기 좋고 소화하기 쉬운 상태로 만드는 것과는 차이가 있다. 커피는 내포되어 있는 성분들의 화학반응으로 분해, 합성, 소실, 변성 등이 잘 일어나도록 볶아야 원하는 향과 맛을 이끌어 낼 수 있다.

　커피를 볶는 과정에서 온도를 낮추거나 중간에 불을 끄면 안 되는 이유는 자칫 콩 볶기가 멈출 수 있기 때문이다. 과한 열량이 콩 내부까지 주입되어 반응이 빨라지면 화력을 낮추거나 일시적으로 화력을 끌 수도 있다. 하지만 작은 기계의 화력은 커피를 볶을 수 있는 열량이 부족한 경우가 많다.

중국요리에서 국물 요리를 할 경우, 채소를 센 불에 빠르게 볶는다. 이 때 열과 시간을 놓치지 않는다. 커피콩은 채소요리와는 다르지만 열과 시간이라는 측면에서 상당 부분 일치된다. 언덕을 오를 때 달리던 차에 엑셀을 살짝 놓게 되면 차의 속도는 줄어든다. 이 때 다시 원래의 속도로 맞추려면 엑셀을 더 세게 밟지만 속도에 바로 맞춰지지 않는다. 커피는 볶는 과정에서 일시적인 멈춤이 오면 다른 반응으로 되기 쉽다.

커피콩은 볶는 과정에서 열을 따라가야 한다. 주입하는 열과 콩의 온도가 평형을 이루면 안 된다. 평형이 되지 않도록 열은 항상 앞서 가야 콩 안에서 화학 반응을 제대로 일으킬 수 있다. 열이 너무 앞서도 안 되고 뒤에 있어도 안 된다. 딱 그만큼만 열이 콩을 앞서서 볶는 것이 가장 좋다.

커피를 볶기 위하여 관찰하여야 할 것들

커피를 볶는다는 것은 쉬우면서 어렵다. 다른 기술들도 마찬가지이지만 따라하다 보면 어느 단계까지는 가능하다. 그러나 기술을 깊이 있게 만드는 것은 쉬운 일이 아니지만 학습 원리는 알려고 하는 자세와 세심한 관찰에 의해 이루어진다. 커피를 볶는 과정에서 관찰은 다음 단계를 예측할 수 있어서 품질을 높일 수 있다. 무엇보다 집중적인 관찰이 필요한데, 예를 들어 무엇이 어떻게 변하는 지, 현상이 나에게 보여주는 의미가 무엇인지 등이다. 관찰을 통해 현상을 이해하는 것은 과학적인 원리를 알 때 더 쉬워진다.

그렇다면 커피를 볶을 때 무엇을 관찰하여야 할까. 우선 보이는 현상에 대해 살펴보자.

1. 쉽게 볼 수 있는 색상이다.
커피콩이 불에 구워지면서 색상이 바뀐다. 식빵이 구워지는 것처럼..
- 왜 색상이 바뀌는가?
- 색상이 어떻게 바뀌고 있는가?

2. 커피가 커지고 있다.
커피의 수분이 빠지고 열에너지를 받아 커지고 있다.
내부의 압력이 커지면서 나타나는 현상이다.
- 어느 시기에 크기가 변하는가?
- 크기가 어떻게 변하는가?
- 커지기만 하는가?

3. 드럼 혹은 공간 안에서 온도가 변하고 있다.
드럼 게이지의 온도는 콩 온도가 아니다. 콩이 들어있는 공간의 온도이며 혹은 콩 쪽으로 온도센서가 있다면 콩이 스치는 온도라고 예측하지만 콩의 내부 온도는 모른다. 예측만 할 뿐.
- 온도는 볶을 때마다 똑같은 속도로 변할까?
- 동일하면 혹은 다르다면 왜 일까?
- 분마다 어떻게 온도가 변하는가?

4. 팝의 온도와 속도 등을 파악한다.

콩마다 다르게 팝이 발생할 수 있다. 단일 종의 커피를 볶더라도 밀도나 수분도, 크기 등이 다른 콩들이 섞여 팝 소리가 시간차로 날 수 있다. 콩이 다 똑같은 상태라고 생각하지 말자. 하나의 콩에서도 크랙이 반복될 수도 있다.

- 볶을 때마다 팝의 온도가 같은가 다른가? 다르다면 이유가 뭘까?
- 팝 지속 시간이 같은가 다른가? 이유는?

5. 실버 스킨이 벗겨지는 현상

온도가 높아지면서 콩의 부피증가로 인하여 실버스킨이 느슨해진다.

실버스킨이 벗겨지면서 콩이 받는 압력 등은 달라질 수 있다.

- 실버스킨이 어느 시점에서 벗겨지는가?
- 지속되는 시간은?
- 실버 스킨이 벗겨지면 콩은 어떤 영향을 받을까?

관찰을 통하여 위의 5가지를 기록하여 보자. 그 외에 배기 온도와 드럼 안의 온도 차이가 있는지, 변화는 있는지, 왜 그런지 등을 살펴보자.

답은 관찰을 통하여 스스로 찾아보자. 어떤 경우이든 내가 볶는 콩과 남이 볶는 콩은 같지 않기 때문에 답을 알아도 별로 도움이 되지 않는다. 기타 일반적인 현상은 시중에 출간된 로스팅 관련 책을 참고하자.

저자체험담
외국에서 커피 볶기 학습

일본에서 커피 볶기를 체험하면서 들던 생각은 우리나라 교육보다 좋지 않은 환경과 과정이 확연하지 않았다는 것이다. 그러나 커피를 처음 볶는 사람들이 아니고 어느 정도 커피를 볶는 사람이라면 이런 학습 방법도 좋을 것 같다는 생각을 했다. 1박 2일 과정에서 한번 참석에 하나씩 궁금증을 풀어나갔고 참여하는 사람이 많지 않으면 나에게 주어지는 실습은 많아졌다. 하지만 일본으로 커피 투어 겸 커피를 배우러 가는 프로그램이 활성화되면서 참여하는 사람들이 많아지고 각자에게 주어진 실습은 줄었다. 그래도 주말을 이용하여 볶으러 오는 직장인 혹은 샵을 운영하고 있지만 기계가 없어 자유로스팅을 하는 현지인들과 교류를 통해 다른 볶는 방법을 들을 수 있어 좋았다. 또한 오랜 기간 참석을 한 나에게 특별히 신경을 써 주신 사장님께서 자신에 맡게 1Kg 기계를 튜닝하여 사용하는 가게도 데려가서 나에게 보여 주시기도 하였다. 당시 고급과정을 넘긴 내가 일본을 계속 방문하는 것을 일본 사장님도 답답하였을 거라 여겨진다.

기간은 오래 걸렸지만 커피 품질 상미기간에 대한 나의 문제점은 어느 정도 해결될 수 있었다. 그러나 또 다른 문제가 나에게 치명적으로 다가 왔다. 그것은 언어였다. 통역 인원이 줄고 참여자는 늘어나면서 나는 직접 타국인들과 대화해야 할 시간들이 많아졌다. 결국 몸으로 대화하다보니 소통의 문제가 발생하였다. 어느 날 기계가 쉬고 있어 내 차례는 아니었지만 내가 로스팅을 할 수 있는 기회가 왔다. 그 때 내 주변에는 3명의 현지인들이 있었고 통역자는 다른 과정을 듣는 사람들에게 몰려 있었다. 나는 열심히 볶았다. 팝이 오기 전 마지막 단계에서 화력을 높이려 할 때 그들은 나를 말렸다. 그들은 나보다 그 기계를 더 많이 사용한 사람들이라 나에게 조언을 해 주려던 것이었다. 나는 서툰 영어로 이유를 물었는데 그들은 영어가 조금 부족했는지 일본어로 계속 말을 하였다. 결국 몸짓과 눈치로 알아들었지만 언어는 소통의 중요한 요소라는 것을 깨달았던 순간이었다. 더 많은 궁금증이 있었지만 불통은 더 이상의 진전을 만들어 낼 수 없었다. 아쉽지만 다른 방법으로 학습하는 수밖에 없다는 생각을 했다. 일본으로 커피 볶기를 배우러 가면서 어느 정도 학습이 되면 미국으로 가려했는데 통역을 통한 지식 습득은 언어의 장애로 인하여 어렵다는 판단 하에 외국으로 가는 기회를 모두 포기하게 되었다.

2. 커피로스팅 실제

커피 로스팅하기 전에

로스터(기계) 이해하기
로스터(기계)

　커피콩을 볶을 때, 사용하는 기계의 특성을 활용하기 위하여 기계의 성능에 대한 정보를 알고 있어야 한다. 이는 주로 기계를 구매할 당시 동봉되어진 매뉴얼을 참고하는 것이 가장 좋다. 만약 열량이나 드럼의 재질 등 특징에 대한 내용 없이 사용 설명서만 있다면 따로 구매사에 의견을 구하는 것도 좋은 방법이다. 기계에 대한 정보는 열전달 방식, 드럼의 재질과 두께, 드럼의 형식, 드럼 내부 구조(드럼 내부의 흐름방식, 회전방식, 회전 속도, 등), 공기의 흐름, 온도 센서의 위치 등이다. 다음에 설명하는 열과 드럼의 재질 외의 것은 사용하는 기계의 정보를 참고하기 바란다.

열은 에너지의 한 종류로 물체의 온도를 높이거나 상태를 변화시킨다. 열의 양은 온도를 변화시킬 수 있는 에너지를 의미한다. 열량이 많은 것은 온도를 변화시킬 에너지가 많다는 것이다. 열량에 대한 예를 들면 같은 온도의 물이 3L 주전자와 컵에 담겨있다면 주전자의 물이 열량이 더 많다. 그러나 온도가 다르다면 열량은 바뀔 수도 있는 것이 온도가 낮더라도 용량이 큰 용기는 똑같은 물질의 온도를 더 많이 변화시킬 수 있다는 것이다. 온도는 섭씨, 화씨로 나타내고 열량의 단위는 칼로리(cal)이다. 1cal 는 물 1g을 1℃ 높이는 데 필요한 열량의 단위이다. 로스터에서 커피를 볶는 중에 실제 열량을 측정하기는 어렵고 볶는 과정에서 기계가 제공하는 게이지를 통하여 추측만 가능할 뿐이다.

커피를 볶는 로스터의 열전달 방식은 전도, 대류, 복사 세 가지이며 사용하는 비율을 알고 있으면 콩을 볶을 때 상태를 추측하여 대비가 가능하다. 열전달 방식을 어떤 비율로 활용하는지는 기계마다 다를 수 있다. 각각의 열 종류에 대해 알아보자.

전도열은 물체에서 물체로 열이 직접 이동되는 방식이다. 이동에 의해 한 입자에서 주변의 다른 입자로 열에너지가 교환되는 것을 '열전도'라고 한다. 열전도는 물질 속에서 열을 전달하는 가장 직접적인 수단이다. 팬에 고기를 굽는다고 하면 팬에 닿는 고기에 열이 전달되는 것이다. 추울 때 뜨거운 물이 담긴 잔을 감싸면 손이 따뜻해지는 경험은 뜨거운 잔에서 손으로 열의 이동방식이 전도열에 의한 것이다. 열전달 속도는 물체에 따라 다르지만 고체에서 잘 일어나며 전달 속도가 느리면 식는 속도도 느리다. 보통 커피를 볶는 기계는 유동체 형식인 경우를 제외하면 일반적으로 드럼형식에서는 전도열이 활용된다. 화력의 위치에 따라 전도율의 활용 비율이 다를 뿐이다.

열전도는 재료에 따라 그 형태가 다르다. 이를테면, 대부분의 금속이 뛰어난 열전도체인 까닭은 그 원자들은 결자 모양의 구조 속에 고정되어 있는 반면에 전자 일부가 매우 느슨하게 묶여 있으면서 한 곳에서 다른 곳으로 에너지를 운반할 수 있는 기체의 형태를 취하려는 경향이 있기 때문이다. 금속이 뛰어난 전기 전도체인 것도 바로 이와 같은 전자의 이동성 덕분이다. 그러나 세라믹을 비롯한 비금속 고체들에서 열전도가 어떻게 일어나는지에 대해서는 아직 완전히 밝혀지지 않았다. 다만, 에너지를 띤 전자의 이동에 의해서가 아니라 개별 분자들 혹은 격자 일부의 진동이 인접 구역으로 전달되는 방식으로 열이 전파되는 것으로 추정될 뿐이다. 이온결합 화합물, 즉 전자쌍을 공유하는 방식으로 결합된 화합물로 이루어진 고체에서는 전자가 자유롭게 이동하지 못한다. 진동의 전달은 전자의 이동에 비해 훨씬 더디고 비효율적인 과정이며, 따라서 비금속 물질들은 전도체가 아니라 대개 열 또는 전기 절연체로 불린다. 액체와 기체는 분자들 간의 거리가 멀어서 열전도 능력이 매우 떨어진다.

해당 물질의 열전도성은 열전도 능력이 뛰어날수록 드럼은 빨리 데워지고 빨리 식으며, 드럼 전체에 열이 고루 분산되는 역할을 한다. 열이 고르지 않으면 콩을 볶는 동안 일부 태우거나 그슬릴 수 있다.

커피 콩 내부에서의 열전도는 바깥쪽에서 중심부 쪽으로 이동한다. 커피의 세포 구조가 열에너지의 이동을 지연시키기 때문에 커피는 금속처럼 행동하는 것이 아니라 절연체처럼 행동하며, 비교적 느리게 가열된다. 바깥 부분의 과잉 익힘을 피하면서 중심부를 원하는 수준까지 익히는 것은 로스팅의 관건이다. 이는 커피의 품종이나 생산되는 지역마다 가열되는 속도가 다르기 때문이다. 가장 중요한 변수들 가운데 하나는 커피의 밀도, 수분도, 크기다. 익은 열매를 선별하여 수확하고 특별히 가공 제품이라면 로스팅 정도가 일정하게 일어날 수 있다. 열이 커피 표면에서 중심부까지 전달되는 데 걸리는 시간을 정확히 예측할 수 있는 절대적인 신뢰 방법은 없다. 따라서 수시로 그 상태를 확인하는 것이 최선이다.[11]

대류열은 전도열과 달리 열이 이동하는 것이다. 드럼의 일부분에 열을 가하면 대류가 일어나 공간 전체가 열을 받게 되는 형식이다. 열전달 형태에서는 유체 내에서 분자들이 따뜻한 구역에서 차가운 구역으로 이동함에 따라 열이 전달된다. 열은 순환하면서 공간 안의 물체에 열을 전달한다. 대류는 전도와 섞임이 결합된 과정으로, 전도가 에너지를 지닌 분자들이 공간의 한 지점에서 다른 지점으로 이동하면서 그보다 느리게 움직이는 입자들과 충돌할 때 일어난다. 대류는 일상생활에 대단히 중요한 현상으로 바람, 폭풍, 대양의 조류, 집의 난방, 불 위에서 물 끓이기 등이 모두 대류에 의한 것이다. 대류가 일어나는 까닭은 분자들이 에너지를 흡수해 빠르게 운동하면 밀도가 낮아지면서 더 큰 공간을 차지하기 때문이다. 그래서 열을 받으면 상승하고 식으면 가라앉는다.

---

[11] 음식과 조리p1170

커피는 드럼 내부에서 교반에 의해 회전을 한다. 대류열을 주로 사용하는 로스터는 드럼 내부에 열을 충분히 활용하므로 실제 화력은 펀치식 드럼보다 높아 드럼 내부의 온도와 차이가 큰 편이다.

복사열은 열이 직접 이동하는 방식으로 중간 물체의 도움 없이 전달되는 것이다. 모든 물체는 복사열을 방출하거나 흡수하는데 온도가 높은 물체일수록 더 많은 복사열을 방출하거나 잘 흡수한다. 복사열의 세기는 물체의 종류나 온도에 따라 달라진다. 복사열을 활용하는 커피로스터는 드물며 콩을 볶는 공간 안에 열원을 설치하여 복사열을 유도하는 경우도 있다.

모든 분자들은 미세하게 진동하기 때문에 우리 주변의 모든 것들은 적어도 약간의 적외선 복사를 방출한다. 물체가 뜨거워질수록 높은 구간의 스펙트럼에 속하는 많은 에너지를 복사한다. 따라서 벌겋게 달아오른 금속은 가시광선을 복사하지 않는 금속보다 더 뜨겁고, 노랗게 달아오른 금속은 붉게 달아오른 금속보다 더 뜨겁다. 적외선 복사의 비율은 물체가 벌겋게 타오르기 시작하는 지점, 즉 약 980℃ 아래에서는 비교적 낮은 것으로 밝혀졌다. 따라서 이글이글 타오르는 숯불, 전열판, 가스 불길 가까이에서 그릴링을 할 때와 같은 아주 높은 조리 온도가 아니라면 복사에 의한 조리는 느린 과정이다.[12]

---

12) 음식과 요리 p1173

커피를 비롯하여 굽기 온도에서는 전도와 대류가 적외선 복사보다 더 중요한 역할을 한다. 그러나 드럼 온도가 올라가면 열을 복사하는 드럼 벽들이 기여하는 열의 비율이 올라가게 된다. 그래서 커피를 볶는 드럼 형식에서는 복사열 활용을 많이 사용하지 않는 이유일 것이다. 간혹 복사열을 활용하는 로스터는 유리를 사용하는 경우가 있다. 복사열을 활용하는 기계를 소유하고 있다면 볶는 과정에서 대류와 복사 활용 비중을 조절하여 볶는 방법을 연구하자.

무엇보다 볶는 기계가 어떤 종류의 열을 활용하는지도 중요하지만 열을 어떻게 커피콩에 주입할 것인가가 더 중요하다. 어떤 열을 활용하든지 커피콩에 충분한 열을 주입하지 못한다면 결국 좋은 결과물을 얻을 수 없다. 주체는 커피라는 사실을 잊지 말자.

드럼의 재질

드럼의 재질은 콩의 맛을 변화시키거나 나쁘게 만들지 않도록 그 표면이 화학적으로 안정되어 있어야 한다. 또 국지적으로 열점들이 생겨서 콩을 발달시키거나 태우지 않도록 열을 골고루 효율적으로 전달해야 한다. 이 두 가지 성질을 모두 갖춘 단일 재질은 없다. 재질에 대한 설명은 조리시 사용하는 도구로 일반적인 설명을 하고자 한다. 커피를 볶는 드럼의 재질에 따라 열전달도 달라짐을 이해하기 위한 참고자료이다.

철과 강철

철은 지각에서 산화물의 형태로만 존재하기 때문에 비교적 늦게 발견되었다. 철기시대(구리와 청동(구리-주석 합금)을 대체한 것이 아니라 금속이 규칙적으로 이용되었던 시대)가 시작된 것은 BC 1200년 무렵이지만, BC 3000년 것으로 추정되는 철제 유물들이 발견된 적이 있다. '무쇠'는 약 3%의 탄소와 합금해 강도를 높인 것으로, 약간의 규소도 들어 있다. '탄소강'은 탄소가 더 적게 함유되어 있으며, 얇은 팬으로 성형할 수 있도록 부서짐이 적으면서 튼튼한 합금을 얻기 위해 열처리를 한다. 주방에서 무쇠와 탄소강의 주된 매력은 싼 가격과 안전성이다. 과잉 섭취된 철은 쉽게 몸 밖으로 배출되며, 식단을 통한 철 섭취는 유익한 작용을 한다. 이것들의 가장 큰 단점은 부식이지만, 정기적인 길들이기와 부드러운 세척을 통해 막을 수 있다. 알루미늄과 마찬가지로 철과 탄소강도 음식물의 변색을 초래할 수 있다.

철이 구리나 알루미늄에 비해 열전도성이 떨어지고 밀도가 높기 때문에, 무쇠 팬은 비슷한 알루미늄 팬에 비해 열을 더 많이 흡수하고 더 오래 보전한다. 그래서 두꺼운 무쇠 팬은 꾸준하고 고른 열을 제공하는 것이다.

스테인리스 스틸

　대개 금속 표면에는 보호막이 형성된다. 그러나 철에는 이러한 규칙이 적용되지 않는다. 철은 공기와 습기만 있으면 녹이 슨다. 산화철과 물의 주황색 복합체인 녹은 막이라기보다는 푸석푸석한 가루이며, 따라서 금속 표면을 더 이상의 공기 접촉으로부터 보호해 주지 못하고 철은 계속해서 부식된다. 이 값싸고 풍부한 원소를 녹슬지 않게 만들기 위한 노력은 마침내 19세기에 스테인리스 스틸의 개발로 이어졌다. 이것은 철-탄소 합금으로 18%의 크롬과 8-10%의 니켈이 포함된다. 크롬은 극단적으로 쉽게 산화되어 두꺼운 산화물 보호막을 형성한다. 스테인리스 스틸 혼합물에서 산소는 표면의 크롬 원자와 먼저 반응하기 때문에 철은 녹이 슬 기회를 갖지 못한다.

　이러한 화학적 안정성으로 인하여 스테인리스 스틸은 무쇠나 탄소강보다 가격이 비싸며, 열전도성도 떨어진다. 첨가된 다수의 낯선 원자들이 금속 속에서 구조적, 전기적 불규칙성을 초래해 전자의 이동을 간섭한다. 팬 아래쪽에 구리를 입히거나, 팬 바닥에 구리 또는 알루미늄 판을 삽입하거나, 또는 팬을 둘 이상의 층으로 구성하되 표면 바로 아래에 전도성이 좋은 재료를 까는 방법으로 스테인리스 팬의 열전달을 고르게 만들 수 있다. 물론 이러한 처리는 조리 기구의 가격을 올린다. 하지만, 이러한 잡종들이 화학적으로는 불활성이면서 열역학적으로는 반응성이 뛰어난 이상적인 팬에 가장 가깝다.

주석

　주석은 구리와 함께 청동이라는 역학적으로 튼튼한 합금을 만드는 데 처음 사용되었던 것으로 추정된다. 오늘날 주석은 일반적으로 구리 조리 기구에서 무독성, 비반응성 안감으로서만 찾아볼 수 있다. 이러한 제한된 역할은 주석이 가진 두 가지 불편한 성질 때문이다. 첫째는 230도라는 낮은 녹는점인데, 이것은 조리 과정에서 쉽게 도달할 수 있는 온도다. 둘째는 너무 물러서 쉽게 닳아 버린다는 점이다. 납을 담는데 사용되었던 백랍이라는 주석 합금은 현재 7%의 안티몬과 2%의 구리로 만드는데 오늘날에는 별로 사용되지 않는다. [13]

배기

　배기는 공기의 흐름으로 자연적인 흐름 혹은 강제 흐름을 조절할 수 있는 중요한 요소이다. 공기의 흐름에 따라 콩을 볶는 공간(드럼)에 열 손실, 압력 증가 등이 발생할 수 있기 때문이다. 다시 말해 배기가 너무 강하면 볶이면서 가벼워진 콩이 밖으로 빠져 나가거나 열 손실에 의해 콩의 내부까지 열전달이 부족해 질 수 있다. 반면에 배기가 약하면 수분 날리기의 경우 휘발하지 못한 수분이 드럼 내부에 남아 있거나 볶는 과정의 마지막 단계에서 연기가 콩에 흡착하거나 드럼 내부의 압력의 증가로 인하여 온도가 급격하게 오를 수 있다. 기능이 많이 첨가된 로스터는 배기도 자동으로 되도록 설계되어 있다. 배기에 의한 열 손실을 순환형식을 이용하여 손실된 열을 재활용 할 수 있는 기계들이 제작되고 있다. 기계의 성능과 조작 방법 등이 다양해지고 있다.

---

13) 음식과 요리 p1183

기타 기계의 활용도 중요하지만 설치와 연통 등의 길이, 위치 설정 등 고려하여야 한다. 연통이 너무 길면 자연적인 배기가 어렵고 너무 짧으면 배기가 빠를 수 있다. 또한 계절의 영향을 받지 않도록 기계를 조금 넓은 공간에 설치하는 것도 필요하다.

마지막으로 콩을 볶을 때 기록을 하는 것도 좋다. 이는 기록지를 통해 콩을 볶은 후에 향과 맛을 확인하면서 열 관리 등을 수정할 수 있기 때문이다. 또한 우리나라는 사계절이 있고 같은 계절도 기후의 변화가 심하여 기록을 자세히 하는 편이 좋겠다. 장기간 기록을 하여 평균값과 편차를 취하면 변수에 대한 제어도 쉽게 할 수 있다. 기록하는 형식은 본인에게 맞도록 만들어 사용하면 좋다. 특히 볶는 사람이 많은 경우 기준을 정하거나 수정이 필요할 때 기록지는 중요한 역할을 한다.

로스팅 재료인 커피콩의 일반 지식
대륙별 품종별, 고도별, 등급별, 가공방법 등

커피를 생산하는 나라는 대부분 적도를 중심으로 북회귀선과 남회귀선 사이에 위치한다. 적도에 가까운 나라들은 태양 빛이 너무 강렬하기 때문에 밤낮의 기온차가 있는 높은 산에 주로 커피가 재배된다. 빛이 너무 강하면 그늘을 만들 수 있는 나무들을 커피나무 근처에 심기도 한다. 또한 강한 빛이 형성되는 오후가 되면 안개가 차오르는 지역에 커피를 심어 자연을 이용한 재배도 이루어지고 있다. 고도가 높은 곳에서는 밤낮의 기온차로 인하여 커피

체리가 단단해진다.

적도로부터 떨어진 지역에서는 고도가 낮아도 커피를 재배할 수 있다. 이런 지역은 온후한 기온으로 커피가 자라기 좋은 곳이다. 그래서 커피체리는 좋은 환경에서 자라기 때문에 부드러운 콩을 만들어낸다. 토양 성분은 대륙별로 다르기 때문에 커피체리의 구성 성분도 약간의 차이가 있을 수 있고 또 물이 많은 지역과 물이 부족한 지역에 따른 차이도 있다.

최근 들어, 품종에 따른 맛과 향의 차이는 예전에 비해 격차가 줄어들고 있다. 그 이유는 품질이 높아지기도 하였고 무엇보다 생산을 유지하기 위하여 기후와 병충해에 강한 품종을 개발하기 때문이다. 등급 또한 예전에 비해 세분화되고 소규모의 커피공장이 좋은 품질의 커피를 얻고자 직접 농장을 방문하고 품질을 높이도록 투자가 이루어졌다. 현재는 등급보다 농장이름과 농장주이름이 들어간 마이크로랏이란 이름의 커피들이 등장하고 있다. 특히 수확 후 가공방법을 개선함으로써 커피의 맛과 향은 더욱 좋아지고 있다. 반대로 국가에서 가치를 높이기 위하여 등급자체를 없애는 경우도 있다.

커피는 특별 가공 선택으로 품질을 높인 제품을 제외하고는 시각만으로 확인하기는 어렵다. 콩이 균일하게 보여도 직접 볶아보면 다를 수 있기 때문이다. 이는 한 나무에서 수확된 체리만으로, 가공 후 60Kg를 만들어 낼 수 없다는 것과 수확 후 가공까지의 시간의 차이로 인하여 같은 품질의 커피를 만들어내기 어렵기 때문이다.

브라질의 대단위 농장에서는 수확시기를 맞추기 위하여 체리의 익는 정도를 제어하기도 한다. 잘 가공된 커피일지라도 출하 전의 보관 상태와 출하 후 구매자까지의 이동수단에 의해 품질이 바뀔 수도 있다. 커피는 매우 복잡하고 많은 사람의 손을 거치는 것이다. 그러므로 기본지식과 정보에 의존하기보다는 사용자가 직접 볶아보고 맛과 향으로 품질을 확인하는 것이 좋다.

로스팅에서 발생하는 변수들

　실제로 커피를 로스팅하기 전에, 볶는 중에 일어날 수 있는 변수들을 살펴보자. 변수는 기계 설치로 인하여 해결이 되는 고정 변수와 상황에 따라 변하는 상시 변수가 있다. 고정 변수는 기계가 설치되는 공간을 이동하거나 기계의 위치를 변경하거나 배기통을 교체하거나 하는 경우에 설치 당시에만 작용하는 경우이다. 그 외에 창문의 위치, 기계와의 거리와 창문의 크기도 공기의 흐름에 영향을 주기 때문에 중요하다. 기계 설치 장소가 교외가 아닌 시내 혹은 주택가라면 제연기 혹은 애프터버너를 설치하고 공기의 흐름을 파악해 두어야한다.

　상시 변수는 커피를 로스팅할 때마다 체크해야 하고 이는 상당수 커피 품질에 영향을 미칠 수 있다. 상시변수를 나열하면 커피생콩의 수분량, 투입량, 당일의 날씨, 열량(가스통의 잔존량이나 도시가스인 경우 주변에서 사용하는 시간이 겹칠 경우) 등이 있다. 이 중에서 커피생콩의 투입량은 소소한 변수로 열량과 시간에 영향을 준다.

커피콩의 수분량은 큰 변수로, 커피를 바로 수확한 상태와 보관 중의 수분량이 차이가 나며 변할 수 있어 커피를 볶을 때에 열량의 주입량과 속도가 달라질 수 있다. 사계절이 있는 우리나라의 날씨도 열량과 배기의 변수를 만들어내는 주요 요소이다. 국내에서 커피를 볶는 것은 날씨가 좋은 날과 흐린 날, 기압이 낮은 날과 높은 날, 비가 오는 날과 습기가 없는 날, 더운 날과 추운 날 등 고려하여야 할 사항들이 많다.

마지막으로 보이지 않는 변수는 배기통의 청소상태이다. 커피를 로스팅하면 미세먼지가 배기통 가장자리에 달라붙는다. 쌓이는 미세먼지의 두께에 의해 배기의 상태가 달라질 수 있으므로 정기적으로 청소를 해주어야 한다. 그러나 기계의 용량에 비해 큰 배기통을 설치했을 경우 너무 깨끗한 상태이면 열량 손실이 클 수 있기 때문에 적당한 크기의 배기통과 영향을 받지 않는 상태가 되도록 설치하는 것도 좋은 방법이다.

많은 변수를 최소로 유지하고 적정한 제어를 통해 커피를 볶는 것이 최상의 방법이다. 각자의 로스터 설치 상태를 점검하고 커피를 볶자.

커피 생콩 구매를 위한 샘플 로스팅

커피콩의 품질을 확인하기 위하여 혹은 구매하기 위하여 커피를 볶아 봐야 하는데 이를 샘플링이라 한다. 여러 가지 콩을 비교하면서 볶을 때는 같은 조건하에 볶는 것이 좋은데 특히 동시에 볶을 때는 보통 색을 기준으로 배출하는 것이 좋은 방법이다. 그러나 샘플마다 같은 컬러로 볶는다는 것은 말처럼 쉽지 않은데 이는 커피 각각의 특징들이 다 다르기 때문이다. 커피 볶는 전문가가 되고자 한다면 샘플로스팅도 같은 색으로 배출하는 연습을 하자. 같은 색이란 커피를 분쇄하였을 때 샘플콩의 색이 같다는 것을 의미한다. 이 작업은 매우 단순하지만 무척 까다로운 일이다.

그렇다면 어떻게 하여야 할까? 커피를 많이 볶아 보는 것 외에는 방법이 없는 것 같다. 커피는 해마다 생산되는 농작물이기에 누구나에게 새로운 재료이다. 입체 상태인 커피콩의 색을 인지하기는 쉽지 않지만 수없이 반복하면 좋은 결과를 가져다 줄 것이다. 이때 색을 측정할 수 있는 도구가 있다면 기준을 설정할 때 도움이 될 수 있다.

조리를 통해 최대의 맛을 제공하기 위하여 사용하는 재료는 중요하다. 품질이 좋은 재료일수록 조리과정에서 특별한 조치를 취하지 않아도 맛과 향이 좋다. 커피의 경우, 향이 맛보다 훨씬 다양하지만 함량이 적어 재료 선택에 집중할 수밖에 없다. 커피 재료로 사용하는 커피콩은 볶여지지 않으면 맛과 향을 알 수가 없다. 그러므로 커피 샘플링은 직접 볶아 재료의 향미를 점검하고, 그 특성을 제품 생산에 어떻게 적용하며 표현할 것인가를 결정하는데 중요한 요소가 된다.

재료 특성을 파악하기 위한 로스팅은 굳이 많은 량이 필요하지 않기 때문에 샘플로스터라는 기계를 사용한다. 샘플로스터는 대부분 200g을 넘지 않는 용량의 크기와 1, 2 단계의 열량 조절만 할 수 있는 것들이 대부분이다. 또 다른 샘플로스팅이라고 하면 재료의 특성만을 파악하는 것만 있는 것이 아니라 제품화하기 위한 로스팅도 있다. 이것은 로스팅 프로파일을 작성하기 위한 사전 로스팅으로 어떤 방법으로 하였을 때 최적의 맛과 향을 발현시킬 수 있는지, 커피콩의 특성을 이끌어 낼 지를 파악하기 위한 것이다. 위의 두 가지 방법은 로스팅 방법이 같을 수도 있지만 완전히 다를 수 있다.

커피콩 구매를 위한 샘플로스팅 방법은 맛과 향의 다양성뿐만 아니라 커피나무의 성장 과정, 주변 환경과 가공 시 결점 등을 파악할 수 있도록 한다. 이는 결점이 있는 재료에 대한 정보를 파악함으로써 구매여부를 확정하기 때문이다.

샘플 로스팅의 기준으로 소량의 샘플(70-120g)로 볶은 커피의 색은 콩 상태일 때 agtron #58(±5) 정도이고 분쇄하였을 때 #63(±5) 정도이며, 로스팅 시간은 8-12분에 볶는다. 그리고 냉각한 후 상온에서 저장하며, 약 8시간이 지나서 커핑을 하되 24시간 이내에 하도록 권장한다. 드럼방식의 샘플로스터에서 볶는 시간을 8-12분으로 한 이유는 8분 이하로 로스팅 할 경우 덜 익을 수 있고, 12분을 넘겨 볶으면 탈 확률이 높기 때문일 것으로 예상한다. 또한 지역마다 품종마다 커피의 수분정도, 가공방법이나 밀도 등이 차이가 있어 시간의 최소치와 최대치 차이를 4분의 간격을 두고 있다. 이 간격의 의미를 예로 들면 브라질 같은 경우에는 약 8여분에 볶을 수 있고 높은 고지의 과테말라 같은 콩은 단단하고 수분이 많을 경우 소요시간이 다소 길어질 수 있기 때문일 것이다.

앞서 설명하였듯이 실제로 완성된 샘플의 기준은 색이다. 같은 샘플 군에서 첫 번째 볶은 콩의 색이 기준이 되며, 다소 더 진행되어 색이 진해지면 이후에 볶는 콩도 같은 색으로 볶는다. 이것은 같은 군에서 선택의 기준이 같아야 비교할 수 있기 때문이다. 그러나 나라나 지역이 다를 경우 혹은 비교가 목적이 아니라면 굳이 같은 색으로 볶을 필요는 없다. 간혹 콩의 표면색이 다소 어둡게 측정이 되는 것은 수분이 많고 단단한 콩의 경우 주름이 펴지지 않은 상태일 때이다.

샘플로스팅에서 방법을 제시한 것 외에 중요한 것이 바로 열량과 배기이다. 열량의 주입 방식이나 크기는 변수로 남겼는데 열량이 중요하지 않아 규정에 두지 않았을까, 아니면 열량의 경우의 수가 너무 많아서 일까. 이미 시간의 규정을 보면 어떤 경우이든지 8분에서 12분이면 컬러 기준에 들어오기 때문에 열량의 대한 언급은 안 했을 거라 예상해본다. 예를 들면 산지에서 수많은 커피를 샘플링 할 때 때 적어도 20개 이상 많으면 80개 이상 준비한다. 로스터가 보통 1~4개의 드럼 혹은 10개의 기계로 동시에 많은 콩을 로스팅하는데 열량의 변수까지 계산하면서 볶는다면 순간의 방심이 실수를 만들 것이다. 그래서 샘플로스터의 열량은 정해진 시간 범위 안에 들어오도록 설계가 되어 있는 것이다. 굳이 열량의 변수가 필요하지 않고 단순하게 설계된 것이리라.

샘플로스팅은 판매자 입장과 구매자 입장이 다르게 볶을 수 있다. 반드시 이러하다는 것은 아니지만 판매자는 결점을 가리고 싶고, 구매자는 결점을 잘 파악하여 원하는 가격으로 구매를 하려 할 것이다. 그래서 어떤 바이어는 생산지에서 구매자 본인이 직접 샘플로스팅을 하는 경우도 있다. 가격이라는 민감한 부분이 있기 때문에 샘플에 집중할 수밖에 없다.

샘플링을 하는 이유는 결점두의 여부에 따라 맛과 향뿐만 아니라 가격도 달라지기 때문이고 결국 커피에 있어서 맛과 향을 시각으로 판단하기 어렵기 때문에 샘플로스팅이 중요한 작업인 것이다. 결점두의 향이 사라지는 로스팅보다는 그린커피 생태와 가공방법 등에 의한 맛과 향이 드러나도록 간단한 방법으로 볶는 것이다. 하지만 여러 샘플을 비교할 때는 서로 커피콩의 상태가 달라도 같은 조건에서 볶아야 하기 때문에 쉽게 생각할 수 없는 것이다.

커피는 다른 음식 조리와는 달리 어려운 부분이 많다. 시각적인 요소보다는 후각과 미각에 더 치우치기 때문이다. 물론 로스팅 색은 시각적 감각이기는 하지만 눈으로 미세하게 변하는 부분을 쉽게 읽을 수 없고 추출한 커피는 결국 컵 안에 검은색에 가까운 진한 갈색 물일뿐이므로 맛과 향의 감지는 오로지 미각과 후각에 의존할 수밖에 없는 것이다. 같은 커피를 마시더라도 느껴지는 미각과 후각은 단지 자신의 경험에 의한 감각과 기억일 뿐, 모든 사람이 같은 감각으로 느낄 수 없다는 것이 커피를 더욱 어렵게 만드는 것이다. 이러한 다양함이 과학적인 이론과 경험을 필요로 하는 것이다.

샘플로스팅은 단순한 작업이기는 하지만 결코 쉬운 것은 아니다. 콩 하나의 결과물이 아니며 조건이 다른 여러 콩들을 같은 결과물로 만들어야 하는 것으로, 오랜 시간이 걸릴 수도 있어 집중을 필요로 한다. 조건에 맞춘 샘플로스팅은 커피생콩의 구매여부와 제품의 완성도를 높게 만들어 주는 만큼 중요한 과정이다.

제품을 위한 샘플로스팅

제품 샘플로스팅에 앞서, 선 구매 방법으로 커피콩을 구매하였다면 재료가 입고된 후에 산지 혹은 커피 판매자에게 구매할 당시의 샘플과 동일한 지 점검할 필요가 있다. 이 때 열량 변수 없이 로스팅 하여 확인한다.

제품 판매를 위한 샘플로스팅은 본격적으로 로스팅 프로파일을 만들기 위한 작업이다. 경험이 많은 전문가는 한 번에 가능할 수도 있겠지만, 새롭게 접한 콩이거나 경험이 부족한 로스터들에게 필요한 작업이다. 새로운 콩의 로스팅 프로파일을 만들기 위하여 기존의 프로파일을 적용하여 볶고 결과물을 확인하고 수정 보완을 한다. 혹은 로스팅컬러와 시간 등을 비슷한 제품과 동일하게 맞추어 본다. 이는 열량의 가감 타이밍, 로스팅컬러 등 많은 변수를 감안하여 커피콩에 어떻게 적용할 지를 결정하기 위함이다.

그렇다면 제품을 위한 로스팅은 어떤 기계로 하면 될까. 비교적 간단한 로스터(샘플로스터)로는 열량의 가감이나 타이밍이 큰 영향을 주지 않기 때문에 사용하지 않는 경우가 대부분이다. 샘플로스팅을 하는 로스터는 제품을 생산하는 로스터를 사용하는 것이 좋으나 중형로스터(20Kg이상)인 경우 샘플로 볶는 양이, 적게는 10Kg이상, 많으면 60Kg이상을 사용하게 되기 때문에 상업용 모델로 제작한 가장 작은 용량(1-5k)의 것을 사용하기도 한다.

로스팅에 있어 중요한 것은 열량과 시간이다. 열량과 시간 관계의 로스팅 방법으로 '빠르게' 혹은 '느리게'가 거론되고 있지만 중소형 로스터를 소유하였다면 이런 논란은 큰 의미가 없다. 원두커피 판매를 위한 로스팅으로 적절한 열량과 시간대를 선택하여 재료가 가지고 있는 향을 최대한 발현 혹은 그 중에 선호하는 향을 발산하는 시점으로 결정하면 된다. 제품의 완성도를 최대 향미 발현이 아니고 다른 목적, 즉 맛과 향의 균형감 그리고 입 안에서의 촉감 등이라면 방법을 달리 할 수도 있다. 커피콩의 수분, 밀도, 크기의 분포도 등을 고려하여 유사한 콩의 프로파일을 적용하고, 볶는 동안 기존의 프로파일이 잘 적용되는지 여부와 다른 변수는 없는 지 등을 세심하게 살펴본다.

이제 커피가 어떻게 볶였는지 점검해보자. 음식은 조리과정에서 간이 맞지 않으면 소금을 첨가하는 등 조리 중간에 점검을 할 수 있다. 커피는 음식 조리와 달리 중간 과정에서 맛과 향을 점검하면서 변수의 가감을 할 수가 없다. 커피는 감각이든 이론이든 변수를 고려하여 수정을 하더라도 최종 결과물을 물과 접촉시켜서 맛과 향을 관능으로 점검하는 것이 특징이다.

보통 관능은 커핑을 통해 확인하는데 종이 필터를 사용하는 경우 필터를 통해 이취가 발생하거나 결점두의 향이 제거될 수 있기 때문이다. 이때 점검하는 항목은 로스팅에 의한 결점이 없는지를 가장 먼저 체크하고 원하는 향미 발현이 되었는지를 알아본다. 커핑으로 콩의 상태를 체크한 후에 수정 보완하여 다시 커피를 볶는데 열의 가감과 시간, 배기 등을 고려하여 적용한다. 이렇게 볶은 커피는 재커핑으로 점검한다. 이 때 목표로 한 맛과 향이 잘 발현되면 프로파일을 정하고 제품을 생산하면 된다. 만약 원하는 향미 발현이 아니라면 될 때까지 계속 미세한 수정을 해야 한다.

커피는 맛보다는 향미가 더 많은 음료이다. 휘발성이 강한 아로마는 물에 녹기 보다는 분쇄하면서 공기 중으로 날아가 버린다. 커피를, 마시는 음료가 아닌 향기요법으로 사용한다면 볶는 과정에서 탑노트에 해당하는 가벼운 향을 날려버릴 필요는 없다. 하지만 커피는 대부분 음료로 마시기 때문에 마시는 동안 향을 즐길 수 있도록 만들어야 하는데, 이것이 쉽지 않다. 향이란 것이 경험해보지 않은 경우 감지하기 어렵기 때문이다. 일반적으로 생소한 향을 접했을 때, 호기심이 많은 사람은 좋아할 수도 있지만 익숙하지 않은 것을 쉽게 받아들이는 사람은 많지 않기 때문이다. 또한 향이 한 가지 만 발산된다면 그나마 감지하기는 쉽지만 커피에서 발현되는 향은 여러 가지가 복합적으로 발산된다. 같은 강도의 향도 감지하는 사람에 따라 역치 값이 달라 느껴지는 강도와 향의 종류도 달라질 수 있다.

커피의 어떤 향과 맛을 발현시키느냐는 만드는 사람의 기준에 따라 달라진다. 밝은 색으로 볶든 어두운 색으로 볶든 기준이 어디에 있느냐이다. 커피를 강하게 볶는다고 태우면 안 되고 밝게 볶는다고 설익으면 안 된다. 로스팅에서 잘못된 것을 파악해야 다음단계인 맛과 향을 체크할 수 있다. 커피 맛과 향에 대한 객관적 정의와 판단이 필요한 것이다.

로스팅 프로파일 알아보기

일반적으로 로스팅할 때 나타날 수 있는 프로파일에 대해 알아보자.

보통 온도센서가 두 개일 때 하나는 커피콩의 온도(정확히 언급하면 콩 스치는 온도 혹은 드럼 안의 공기 온도)이고 또 하나는 드럼 안의 공기 온도 혹은 열풍식 기계일 경우 드럼 후면의 온도이다. 커피를 볶을 때 두 개의 온도로 그래프를 그릴 수 있는데 일반적으로 아래와 같은 그래프가 나온다.

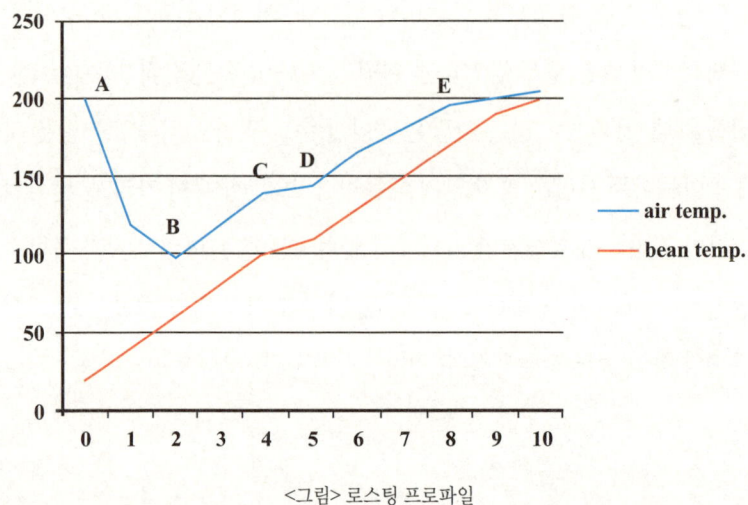

<그림> 로스팅 프로파일

기계의 화력을 처음 셋팅한 상태에서 따로 화력 조절은 하지 않은 채로 볶을 때 형성되는 그래프로 로스팅 프로파일을 설명하고자 한다. 커피를 볶을 때 보통 알려진 투입 온도는 180-200℃ 이다. 화력은 기계마다 다르기 때문에 제품을 위한 샘플로스팅으로 찾아 적용한다. 투입온도(그림의 A지점)는 기계마다 다를 수 있는데 실온까지 낮추어서 투입하는 경우도 있다. 투입온도가 꼭 높아야한다는 법칙은 없고 높고 낮음은 볶는 사람이 결정하면 된다.

B 지점은 터닝 포인트라고 부르는 지점으로 드럼 내부의 온도와 실온의 콩 투입 후에 온도 평형이 이루어져 그래프에서 가장 낮은 온도를 나타낸다. 터닝 포인트는 콩의 수분정도와 밀도 그리고 드럼 내부의 온도와 투입된 콩의 온도 차이 그리고 주변의 온도에 의해 높고 낮음이 달라진다. 커피를 볶는 사람 중에 터닝 포인트로 기준을 정해놓고 투입온도를 조정하는 경우도 있다.

A와 B의 시점이나 온도는 커피 볶는 과정에서 가장 중요하다고 볼 수는 없지만 기계의 열량에 따라 온도 변수로도 작용한다. C와 D 부분은 증기가 발생하는 부분으로 열 흡수가 활발히 일어나면서 상승 온도 그래프가 주춤하는 지점이다. 이 때 화력이 너무 낮으면 기화가 순조롭게 일어나지 않아 반응이 멈출 수 있으므로 화력 조절에 주의하여야 한다.

D 지점 이후에는 마이야르 반응이 천천히 일어나도록 하여야 한다. 마이야르 반응이 너무 빠르게 일어나면 향을 만드는 전구체들을 만들기 어렵다. 이 때는 콩의 온도가 160℃ 이상이 되면서 캐러멜화까지 동시에 일어나 갈색 물질을 만드는 중요한 반응이 시작된다. E 지점이 되면 팝이 일어나고 이후 화력이 너무 세면 수분이 빠진 콩의 건류 현상으로 콩의 온도가 급격히 올라가 탈 수 있는 확률이 높아진다. 볶는 동안에 화력 조절 없이 배출까지 유지

한다면 화력은 적정한 온도로 추정되며 볶음도가 진행될 수 록 그래프는 점차 상승기울기가 낮아진다. 그러나 화력이 너무 세다면 팝 중간이나 끝 지점에서 화력을 낮추어야 한다.

다른 사람이 볶은 커피 로스팅 프로파일을 분석할 때는 반드시 온도게이지뿐만 아니라 화력까지 기록한 것을 확인하고 기계의 열전달 방식까지 고려하면 좋다. 무조건 남의 프로파일을 따라하면 자칫 결과물이 만족스럽지 않을 수 있으므로 분석을 잊지 말자.

볶은 커피의 특성 알아보기

볶은 커피는 시각으로 확인이 쉬운 물리적인 변화와 보이지 않는 화학적인 변화를 일으킨다. 보이지 않는 변화에 대해서는 앞서 설명을 하였고 커피 화학 파트에서 향에 대한 설명을 하고자 한다.

컬러: 볶기 전에 커피 생콩은 색이 있다기 보다는 투명 혹은 불투명의 밝은 회색 혹은 희미한 녹색을 띤다. 볶는 과정에서 커피는 캐러멜화와 메일라드 반응 등으로 인하여 갈색으로 변하면서 많이 볶으면 검은 갈색에 가깝게 된다. 컬러의 정도에 의해 볶음정도를 결정하기도 한다.

크기변화: 커피는 볶을 때 일정 압력에 의해 부피가 커진다. 이는 콩 속에 존재하는 일정의 수분이 빠져나가고 기공이 확대되면서 커지는 것인데 마치 빵이 부푸는 것과 같다. 커피는 중간 볶음 정도까지는 부피가 커지지만 이후 수분이 완전히 빠져나가면서는 약간 줄기도 한다. 크기가 변하는 시기는 열 공급 방법에 따라 약간씩 달라질 수 있다.

무게감소: 커피를 볶으면서 수분과 일부 휘발성 물질의 감소와 기공들의 확장으로 처음보다 약 12-18%정도 무게가 감소한다. 볶는 시간이 길어질수록 무게 감소는 20%이상까지 심하게 나타난다.

세포변화: 세포는 육안으로 보기 어렵다. 내부를 볼 수 있도록 콩을 잘라 현미경으로 확인하여야 한다. 세포의 크기가 급격하게 확장되면 크랙으로 온전한 기공을 만들어 낼 수 없다. 이런 현상으로 볶은 후 저장기간 동안 향미의 휘발이 빠르게 발생하여 상미기간이 자칫 짧아질 수 있다.

화학 변화: 화학반응은 세포보다 더 파악하기 어렵다. 특정 성분을 분석할 수 있는 기기들은 고가로 개인이 확보하기 어렵다. 커피 콩 성분들의 화학반응에 대한 정보를 알고 있다면 볶는 과정에서 발생하는 향과 콩의 변화를 예측 가능할 수 있다. 화학 변화는 향과 맛의 중요한 요소인 것이다.

어떻게 콩을 볶을까 결정하기

보통 커피를 처음 볶을 때 어떻게 볶을 것인가를 생각하지 않고 그저 '커피를 볶자'라는 생각으로 기계 앞에 서는 경우가 있다. '어떻게?'는 생각할 겨를도 없이 지나가버리고 온도를 올려야 할지 내려야 할지 혹은 기다려야 할지 판단하기도 버겁다. 1차 팝이 오기 시작하면 배출이 되기까지 허둥지둥 할 때도 있다.

누구나 다 그런 것은 아니지만 어떤 일이든 처음 접하면 주변은 보이지 않고 내 눈 바로 앞에 벌어지는 일만 보기도 정신이 없을 지경에 있다. 가스 불을 끄고, 식힘 팬을 돌리고, 배출시기를 점검하면서 드럼을 열고 배출하는 것 등이 그러하다.

그래서 커피를 볶기 전에 생각을 하자는 것이다. 음식을 조리 전에 어떻게 요리를 할까 생각을 하는 것처럼 우리도 커피를 어떻게 조리할까 고민을 하자. 볶음 정도는 어디 만큼, 맛의 표현은 어떻게 할까 등등. 이 때 재료의 특성은 이미 안다고 가정 하에 진행된다. 신맛이 없는 재료에서 산미를 좋게 표현하려 하는 것은 불가능하기 때문이다.

그럼 구체적으로 어떻게 볶을 것인가.

  태우지도 않고 설익지도 않고 잘 익히는 것이 중요하다. 볶음정도를 약하게 한다고 하면 커피의 맛과 향이 발현이 되도록 충분한 열량을 주어야 한다. 로스팅을 진행하고 있는 중에 컬러가 밝다고 하여 배출하는 것이 약볶음이 아니다. 처음부터 계획하지 않고 로스팅 도중에 중단하는 커피는 자칫 덜 볶였을 가능성이 높다. 이렇게 볶여진 커피의 맛을 확인하면 풋내가 나거나 입안에 쇠 향미, woody향이 남는 경우가 있다. 이것은 충분한 열량을 주입하지 못했기 때문에 화학 반응도 완성되지 않은 상태이며 입안에 쪼임이 있으면서 시큼할 수 있다.

  반대로 커피를 강하게 볶는다고 태우면 안 된다. 열량을 많이 주입하면 오히려 수분이 남아있어도 겉면의 마름현상이 나타나거나 혹은 수분이 남아있지 않아 타기 쉬운 상태로 되기 때문에 약볶음 만큼이나 열량 조절이 어렵다. 커피의 볶음 정도를 결정하고 열은 어떻게 조절할 것인지, 최종 볶는 시간은 얼마로 할 것인지 계획을 세우자. 열을 어떻게 활용할 것인지, 향미는 어떻게 발현할 것인지, 완성도는 어느 정도까지 할 것인지 등을 계획하는 것이 중요하다.

  처음 시작은 기계의 작동법에 제시가 되어 있다면 그대로 한번 볶아본다. 만약 판매사에서 기계에 맞는 권장 화력이 없다면 적당한 화력을 선택하여 고정한 후에 커피를 볶아본다. 그리고 맛을 본다. 맛을 보면 보정할 것이 무엇이며 화력 조절을 해야 할 지 등을 결정할 수 있다. 이 때 맛 점검은 콩의 결점보다 로스팅의 결점을 찾아내야 한다. 원인을 찾아 해결하는 것이 볶는 것보다 더 중요할 수도 있다.

로스팅 실습
투입에서 배출까지 설정하기

커피를 볶기 위하여 첫 번째로 결정할 것은 볶음정도이다. 볶음 정도는 볶는 과정에서 결정하게 되면 열을 제어할 수 없으므로 미리 결정하여야 한다. 다음으로 재료의 특성에 맞도록 투입온도를 설정하고 열을 어떻게 공급하며 언제 배출한 것인가를 설정한다. 앞서 샘플로스팅으로 사용할 커피콩과 기계의 관계를 경험함으로써 제품으로 볶을 때 참고하여 투입 온도에서 배출까지의 계획을 세울 수 있다.

전체 커피 볶는 것에 대한 계획은 예상치 못한 변수가 일어났을 때 신속하게 인지할 수 있고 제어할 수 있다. 투입온도는 높게 할 것인가 낮게 할 것인가를 결정한다. 콩의 단단하거나, 추운 겨울이거나, 볶는 시간을 단축하여야 한다면 다소 높게 투입을 할 수 있고 기계의 열량이 낮다면 투입온도를 낮게 할 수도 있다. 그러나 볶을 기계의 성능에 따라 화력은 달라질 수 있다. 투입온도의 높고 낮음은 콩의 밀도, 크기, 수분정도, 계절, 기후상태, 기계의 성능 그리고 볶는 사람에 따라 결정된다. 투입온도는 기계의 온도이며 투입되는 커피콩의 온도는 실온이라는 것과 투입되는 기계의 온도와의 관계를 고려하여 정하여야 한다.

전문가가 아니라면 기계의 성능을 알고 있는 상태에서 분당 상승하는 온도의 변화를 결정하고 볶는 것이 좋다. 샘플로스팅에서 콩의 상태에 따라 온도의 변화를 관찰한 결과로 참고하면 좋겠다. 분당 상승 속도의 변화는 콩볶음의 느림과 빠름을 인지할 수 있는 좋은 정보이다.

가장 어려운 부분은 마지막, 배출시기의 결정이다. 어느 정도 결정을 하고 볶기는 하나 볶는 과정에서 일어나는 변수에 의해 예측과 다를 수 있다. 눈으로 확인하는 것으로 배출하였다 하더라도 음용으로 확인하면 다를 수 있기 때문이다.

볶을 때마다 일정한 맛과 향을 구사하기 어렵기 때문에 매번 배출시기가 되면 감각을 총동원하게 되는 것이다.

직접 볶으며 관찰하기

관찰은 커피를 볶으면서 현상을 파악하기 위한 중요한 요소이다. 관찰을 통하여 원인을 파악하고 해결점을 찾을 수 있기 때문이다. 그런데 관찰 대상이 온도, 시간, 팝의 시간과 온도도 중요하지만 더 중요한 것은 로스팅의 주체인 콩의 상태를 관찰하는 것이다. 처음 커피 볶는 것을 배울 때도 콩의 변화를 관찰하는 것이 중요한데 보통은 투입온도, 배출시간, 팝 발생 시간 등에 관심이 더 높은 경향이 있다. 그렇다면 콩의 어떤 것을 관찰하여야 할까.

수분을 날리는 단계에서 콩 하나하나 골고루 날아가고 있는지. 들쑥날쑥하게 날리는 지 등 상태를 파악한다. 커피콩이 다 똑같은 조건이 아니므로 볶기 전에 크기가 다르고 밀도가 다른 콩들을 고른 상태로 만드는 것이 중요하다. 수분이 막 날리기 시작하는 단계에서 열 주입을 충분히 하여야 한다. 이는 콩이 기화열을 흡수하기 때문이며 보통 화력이 고정되어 있을 때 온도게이지 상승이 주춤하게 된다. 이유는 '2막'에서 보자.

마이야르반응과 캐러멜 반응이 일어나는 갈변화 현상이 시작되는 시기부터는 볶는 단계인데 이때 화력이 중요하다. 화력은 콩을 볶을 수 있는 최대 화력으로 주입하여야 한다. 콩의 온도가 점점 상승하면서 향과 맛의 전구체를 만들어 내는 단계이기도 하다. 볶는 속도가 너무 **빠르면** 마이야르 반응을 충족시키지 못해 쓴맛의 감소가 일어나지 않을 수 있다. 또한 콩이 열을 너무 빨리 흡수하여 콩이 자칫 급격하게 커질 수 있다. 급격한 부피 팽창은 콩의 세포질을 파괴하기도 하므로 볶음 후 저장 단계에서 향이 빠르게 휘발되기도 하고 산화가 쉽게 일어나기도 한다. 그러므로 로스터 온도게이지의 분당 상승 속도와 갈변화 현상을 관찰함이 필요하다.

  커피를 볶는 과정에서 수분을 날리고 난 후부터 주름이 형성되기도 하고 주름이 만들어지기 전에 센 열 공급에 의해 주름 없이 부피가 커질 수도 있다. 반드시 주름이 생겨야 하는 것은 아니다. 주름의 여부는 수분날리기를 어떻게 하였느냐와 열의 이동 속도 등에 관계된다. 콩의 겉표면에 충격을 주면 체프가 갈변이 일어나기 전에 떨어져 나갈 수도 있는데 높은 열로 볶아야하는 단계에서 표면의 상처를 줄 확률이 높다. 체프는 최대한 팝이 일어나면서 날리는 것이 좋다.

  볶는 과정에서 예상치 못한 변수가 일어날 수 있다. 계절에 따라 콩의 변화와 온도 상승 속도가 다를 수 있다. 변화를 예측하고 온도를 제어하여 좋은 결과가 될 수 있게 한다. 기타 콩이 로스터에 투입되면서 배출까지 콩의 변화를 관찰하고 기록 해두면 유용하다.

팝 결정 후 배출시점 결정하기

  일반적으로 커피 볶음 정도(추출이 가능한 시기)는 1차 팝 시작 이후이다. 1차 팝 중간부터 2차 팝 이후까지 다양하게 볶는다. 커피마다 향과 균형 있는 맛은 비슷하다 할 수 있지만 개성이 강한 커피를 만들 경우 원하는 향의 발산시기에 맞추어 배출하기 위하여 일부 물질의 소실을 감수하는 경우도 있다. 또한 매번 같은 품질의 완성된 커피를 만들기도 어렵다는 것이다. 전문가들도 원하는 볶음도에서 배출하는 것이 쉽지 않기 때문에 배출 시기가 되면 초를 다투며 배출시기를 결정한다.

  미리 로스팅 설계에서 볶음도를 결정하였더라도 기후, 주변 조건과 열 공급에 의해 향의 발산 시기가 차이가 날 수 있다. 커피콩의 온도는 변하지 않더라도 로스터의 온도게이지는 다르게 보여 질 수 있다. 후각은 시각을 보조하여 향미가 발산하는 시기에 콩의 상태를 살피면서 배출한다. 커피는 콩 겉면의 상태와 컬러만으로 배출하기 때문에 콩의 내부의 상태는 예측만 할 뿐이다. 결국 식은 후에 관능으로 확인하고 이후에 볶을 때 참고할 수밖에 없다.

커피를 볶은 후 체크는 어떻게 하나

  커피를 배우는 단계이거나 제품을 만드는 단계이거나 볶은 커피를 점검하는 것은 크게 차이가 없다. 다만 배우는 단계와 제품을 만드는 단계의 사람의 인지 과정이 다를 것이라 예상한다. 서로 다른 것을 비교하여 점검하는 것이 아니라 제품 평가 기준이 명확하지 않다면 그 날의 컨디션에 따라 기준이 달라질 수 있다. 설사 기준이 명확하더라도 식품 등을 관능평가하기는 어렵다. 커피는 균일한 제품을 만드는 것도 어렵지만 균일하게 만들었는지 점검 또한 쉽지 않다.

　커피를 처음 볶는 사람이라면 완성도에 초점을 맞추고, 볶은 커피의 완성도를 높인 경우라면 다음 단계의 커피를 점검하면서 볶아야 한다. 볶은 커피의 점검 방법은 여러 가지가 있겠지만 가장 먼저 일반적인 커핑으로 한 후, 그 커피의 용도에 따라 추출 후 점검 하면 된다. 머신이나 도구를 활용한 맛과 향보다는 커핑으로 하면 로스팅 결점 상태를 잘 파악할 수 있기 때문이다.

단계별로 점검하는 요소를 3가지로 보면 다음과 같다.
　1단계는 덜익은 상태 under 로 인하여 풋내와 쏘는 신맛 발현 등이 없는지와 타지는 않았는지 burnt, sugar burnt 등을 살핀다.

　2단계는 열 부족으로 인한 baked, nutty 재료가 갖고 있는 nutty는 제외, woody, 채소 같은 쓴맛 혹은 쪄진 듯한 향이나 과한 열로 인한 재향, 탄향, 고무향, 타이어향 등이 나는 지, 배기가 원할 하지 않아 연기냄새가 배었는지, 그슬린 향이 나는지 등이다.

　3단계는 1, 2단계에서 점검 사항에 문제가 없다면 최종 볶은 커피의 맛과 향을 원하는 단계까지 잘 발현 하였는지 여부이다. 여기서 부정적인 향미는 떫거나 astringent, 쓴맛 green bitter, metalic 등이다. 긍정적 향미 체크는 깔끔함 clean, clarity 풍미 flavor, 단맛 sweetness, 상큼 acidity, 촉감과 바디, 균형 balance 등이다. 그러나 향은 농도에 의해 호감도가 달라지기 때문에 도구를 활용하여 추출한 뒤 점검 하자.

커피에는 설탕과 같은 단맛 sugary 은 거의 없다. 커피 생콩에 함유된 당 탄수화물은 열분해를 통해 대부분 사라지면서 단향과 감칠맛 등이 남게 된다. 그래서 커피의 단맛은 "달다"라기 보다 "감미"라고 하는 것에 더 가깝다고 할 수 있다. 커피에서 신맛을 표현하는 acidity는 sour 와는 다른 의미이고 sour 같은 단순한 신맛만 있다면 관능평가 점수는 높지 않을 것이다. acidity 는 감미와 신맛이 잘 어우러져서 복합적 산미를 말하는 것으로 볶은 커피를 커핑 할 때 고려되어지는 부분이다. 커피에서 산미가 없다면 식었을 때 자칫 밋밋할 수 있다. 물론 커피의 신맛을 좋아하지 않는 경우도 있겠지만 드러내지 않아도 신맛이 존재하는 것이 입 안에서 활력을 줄 수도 있다.

이 밖에도 검토해야 하는 것이 많이 있지만 콩의 결점두에 의한 맛과 향의 결점은 이 단계에서 점검하지 않아도 무방하다. 이 부분은 로스팅으로 해결되는 것이 아니라 재료의 선택에서 이미 결점상태를 점검하기 때문이다. 결점이 많은 커피를 재료로 선택하면 이 점을 감안하고 볶은 커피를 점검해야 한다.

잘 볶여진 콩이란

커피의 기준은 보통 색으로 결정하는데 이 규정은 미국 스페셜티커피협회(SCAA)에서 만들어진 것이다. 이것은 재료 구매를 위한 로스팅 표준에 대한 규정이다. 그러나 커피의 완성도는 다양하고 콩마다 특성이 다르기 때문에 같은 색이라 하더라도 맛과 향은 달라질 수 있다. 또한 열량을 어떻게 제어했느냐에 따라 콩의 색은 약간씩 달라질 수 있다. 잘 볶여진 콩이란 거듭 강조하지만 잘 익은 것이다. 볶음 정도가 달라도 완성되어야 하며 목표하는 향미 표현이 잘 되었는지 이다.

볶는 과정에서 완벽하게 모든 변수를 제어하였다 하더라도 마지막 배출타이밍을 놓치면 원하는 포인트의 제품을 만들 수 없다. 배출은 1초의 타이밍이다. 1-2초 차이에 의해 화학반응은 지속되고 원하지 않는 향미를 얻을 수 있기 때문이다.

훈련은 어떻게

기술이란 과학을 바탕으로 이론을 숙지하고 실습을 끊임없이 반복하여 몸으로 익히는 것이다. 단순한 반복 연습보다는 결과물에 대한 분석과 연구를 계속하면서 훈련해야 한다. 그렇다면 커피로스팅은 어떻게 연습할 것인가.

따라하기

보유하고 있는 로스팅책이 있다면, 그 책에 있는 로스팅 연습 과정 그대로 따라 해 본다. 결과물이 본인이 사용하는 기계에 맞는 것인지 어떻게 수정해야 하는지를 검토한다. 혹은 로스팅 세미나를 통해 혹은 지인의 로스팅, 로스터들의 모임을 통해 새로운 방법을 접하였다면 그대로 적용해보자. 커피를 볶는 방법에는 정답이 없다. 기계마다 다를 수 있고, 개인마다 다를 수 있다. 분명히 화학 반응이 일어나는 온도는 존재하지만, 볶는 과정에서 정확한 콩의 온도와 드럼 내부의 열량을 측정하기 어렵다는 것이다. 그러므로 반복 학습으로 나만의 방법을 찾고 해결 안 되는 부분은 원리를 바탕으로 해결할 때까지 찾아보자.

각 볶음도를 달리하여 볶아보기

커피는 기호식품이라고 하더라도 볶는 사람의 입장에서 한 가지 방법만 고집하는 것은 전문가로 갈 길이 멀다. 볶음 정도가 달라지면 무엇이 달라지는가. 다양한 볶음 정도는 구체적으로 열 제어하는 방법과 향미의 변화 등을 관찰할 수 있다.

열을 달리하여 볶아보기

같은 볶음 정도라도 열을 달리하여 볶아보자. 연습은 한 가지 콩으로 기준을 정하고 열 공급방법만 다르게 하여 볶아보고 차이를 점검해보자. 맛의 차이는 어떠한지, 향은 무엇이 다른지 등을 체크하자.

많이 볶아보기

많이 볶아보는 경험은 강조해도 과언이 아니다. 운동선수들은 기술을 익히기 위해서 같은 동작을 반복하고 완성될 때까지 한다. 예를 들면 야구의 경우 공을 던지는 투수가 던지는 동작에서, 올린 한쪽 다리를 내리면서 착취할 위치를 고정하고 그 위치에 발이 정확하게 착취될 때까지 반복한다. 커피를 처음 볶을 때 100번 이상 볶으면 어느 정도 볶는 기술을 익힐 수 있다고 들었지만 실제로 해보았을 때 1만 번 이상 볶아야 조금 볶는 것이 뭔지 알 것 같은 경험을 했다. 1만 번 볶는 과정에서 아무 생각 없이 볶으면 도움이 안 되고 관찰과 더불어 발생하는 원인과 해결을 하려는 자세가 중요하다.

감각훈련

감각 훈련은 중요하다. 관찰을 위해 시각 훈련을 해본다. 집중적으로 무엇을 보았는지 기록을 하다보면 시야가 확대되고 보지 못한 것이 무엇인지 알게 된다. 보는 것은 중요하다.

다음으로 냄새를 맡는 것이다. 생두에서 볶는 과정까지, 냄새의 변화를 감지하는 것이다. 어느 시점에서 향이 어떻게 변하는지 관찰을 계속한다. 이 때 확인은 기계의 확인 봉으로 하는데 제품을 만드는 과정에서 확인 봉을 많이 사용하면 커피가 일부 진행되지 않는 경우가 있다고 하여 절대 보지 않는 것이 좋다는 의견이 많다. 그러나 훈련을 목적으로 하는 경우라면 더 많이 확인 봉을 꺼내어 눈과 코에 각인을 시켜야 한다. 비린 향은 어디에서 어디까지 나는지, 토스트향은 언제 나는지, 단향은 언제 나는지 향이 나지 않는 시점은 언제인지 등등.

이제 청각을 동원할 차례이다. 청각은 주로 팝의 소리를 듣는 것에 집중하지만 커피콩을 투입한 후 드럼 안에서 돌아가는 소리에도 집중하자. 처음과 중간 등이 어떻게 다른지, 언제 달라지는지 확인하자. 또한 팝의 소리가 크게 나는지 작게 나는지 그 이유는 무엇인지 팝 소리 지속시간은 얼마나 지속되는지 등이다.

  마지막으로 맛보는 훈련을 하자. 커피 생콩을 고르기 위한 훈련과 제품을 위한 훈련은 차이가 있다. 맛보는 목적이 다르기 때문에 차이가 분명히 존재한다. 물론 맛보는 방법은 같거나 비슷할 수 있지만 어떤 맛과 향에 집중해야 하는지는 다르다. 맛보는 훈련은 기준에 따라 결과가 달라질 수 있다. 맛과 향을 모르면 결과물도 확인하기 어렵다. 예를 들면 불고기를 먹어보지 못한 사람은 불고기를 양념하기 힘들다.

  커피는 음식과 달리 볶는 과정이 완료되어야 맛과 향을 확인할 수 있다. 음식을 조리하는 것처럼 중간에 맛 점검을 할 수 없어 오로지 시각과 후각 그리고 청각으로 확인하는 어려움이 있다.

  커피는 해마다 생산 조건이 달라 맛과 향 등 성분도 달라질 수 있다. 1년을 연습하여 완성하였다 하더라도 커피는 공산품이 아니므로 과실을 수확하고 가공을 거쳐 로스터까지 도착하면 새로운 재료가 된다.

tip: 직접 몸으로 체험하며 느끼기

체험	목적	방법	관찰
목욕탕 사우나 경험하기	내가 콩이 되어 본다. 커피 볶는 과정 중 열이 미치는 영향 파악하기	하루는 고온 사우나 체험하기 또 다른 날에 저온 사우나를 체험하기 (같은 날 고온과 저온을 동시에 하지 않는다)	피부의 색 변화 땀이 배출되는 시간
설탕 조리기	당이 열에 의해 색의 변화와 맛과 향의 생성 파악하기, 온도변화	설탕에 물을 첨가하여 냄비나 숟가락에 불로 졸여보기 설탕에 우유를 첨가하여 불로 졸여보기	색의 변화 단계 맛의 변화 단계 향의 변화 단계 온도의 변화 관찰

저자체험담
책으로 도움받기

커피 관련 관심도가 높은 요즘엔 커피를 볶는다는 것이 쉽게 느껴진다. 그러나 내가 접했던 그 당시에는 커피생두를 구하기도 어려웠고 무엇을 어떻게 해야 할지 몰랐다. 고민 끝에 당시 내가 할 수 있었던 것은 책을 구하는 것이었다. 어떤 기술을 배울 때면 책을 먼저 읽고 익혀 실제 행동으로 해보는 습관이 있었다. 그래서 로스팅카페가 꽤 성행했던 일본의 책들을 선택하였다. 일본어는 겨우 히라가나를 읽을 수 있었고 한자의 의미만 아는 상태에서 책들을 반복해서 읽었다. 읽고 또 읽고 하다 보니 하나씩 의미를 알게 되면서 소유하고 있는 기계에 적용하여 볶기 시작하였다. 일본과 국내의 커피유통회사를 제외하고 개인 로스팅카페들은 대부분 강하게 볶는 스타일이었고, 단국대에서 배운 커피들도 강하게 볶여진 스타일이었기 때문에 연습의 시작도 강한 볶음정도로 하였다. 지금 돌이켜보면 강하게 볶는다고는 하지만 실제로는 타도록 볶았는지도 모르겠다. 기술이 좋아지고 나면 과거, 나의 모습은 어떠했는지 기억이 잘 나지 않고 결과물은 더욱 그렇다. 그저 당시 나의 커피가 맛있었다는 기억일 뿐이다. 이 또한 뇌가 지어낸 기억저장일지라도 말이다. 책을 반복해서 보면 하나씩 알아가는 재미가 있지만 책과 실전에서 이해하지 못한 궁금증은 특별히 물어볼 곳이 없었다. 온라인의 모임에서 물어봐도 대부분 '그럴 것이다'라는 답만 돌아왔던 것 같다. 그렇더라도 책은 아직도 내 곁에 쌓이고 있고 아직도 읽을 책들이 너무 많다.

2막 좋은 로스팅을 위한 지식탐구

1. 좋은 로스팅이란

좋은 로스팅이란

 제품을 생산하는 업체는 유통기한도 중요하지만 커피는 상미기간이 중요하다. 커피를 취미로 볶는다든가 주변에 선물을 주기 위한 것이 아니라 제품을 만들기 위한 것이라면 더욱 그러하다. 무조건 고객에게 이렇게 마시라고 강요하기 보다는 어떻게 먹을지 모르기 때문에 보편적으로 볶아야 한다. 커피를 구매한 고객은 자신들의 기준으로 도구를 선택하고 추출을 한다. 판매자의 바람대로 반드시 그렇게 하지 않는다는 것이다.

 미국 스페셜티커피협회^{SCAA}에서 규정한 기준에 준하는 방법으로 제품을 만드는 경우가 있다. 이것은 커피콩의 품질을 평가하여 구매하고자 하는 콩의 결점과 가격을 고려한 로스팅 방법일 수 있다. 샘플로스팅 방식으로 볶은 커피는 24시간 이내에 점검하여야 한다. 그러나 간혹 이런 방식으로 볶은 제품이 시판되고 있는데 이는 구매자에게 볶은 지 하루 만에 소진하라는 의미도 포함되어야 한다. 볶은 커피를 구매하는 사람들은 하루에 소진할 량을 구매하는 것이 아니라는 점에서 적어도 샘플로스팅에 의한 방법이 아닌 어느 정도 소비하는 기간을 염두에 두는 제품을 만드는 것이 중요하다.

 커피는 모든 사람들에게 똑같은 만족을 줄 수 없는 기호식품이다. 볶는 방법도 여러 가지이고 결과물도 다양하고 마시는 방법도 다양하다. 좋은 커피를 만든다는 것은 좋은 재료도 중요하지만 어떤 도구를 사용하든 맛있어야 한다. 도구에 따라 맛이 달라질 수는 있지만 차이가 많이 나면 좋은 커피를 만들었다고 보기 어렵다. 도구의 특성에 따라 맛의 차이가 적을수록 좋다. 특정 도구나 기계에 맞도록 볶는 기술도 필요하지만 어떤 도구를 사용하든 차이가 없다면 이보다 더 좋은 제품은 없다. 언제 어디서나 맛있게 마시면 로스팅이 잘된 커피이다.

향미의 평가 기술

볶은 커피의 향미를 인지하고 평가하는 것은 쉬운 일이 아니다. 그렇다고 포기하면 결국 극복의 기회마저 사라진다. 경험해보지 않은 맛이나 향은 인지하기도 어려우며 기억에 저장하기도 힘이 든다. 결국 반복학습으로 인하여 장기 기억으로 넣어야 하는데 상황에 따라 지각도 달라질 수 있다는 것이 문제이기도 하다. 전문가로 가기 위한 길은 실로 험난하다.

볶은 커피를 관능으로 평가하는 기술은 어떻게 할까 커피의 성장과정이나 가공, 볶는 중에 나타날 수 있는 성분들을 학습하고 향미를 직접 경험해 보는 것이 좋다. 한번도 경험하지 못한 냄새는 구별하기 어렵기 때문에 훈련이 필요하다. 예를 들면, 실제로 장미를 보면서 장미향을 맡으면 장미향은 시각과 함께 바로 인지할 수 있지만, 눈을 가린 채로 그 향을 맡으면 자주 접하지 않는 한 맞추기가 쉽지 않다. 후각이나 미각에 특별한 감각을 가지고 있다면 조금 더 빠르게 습득할 수는 있겠지만 그렇지 않다면 오랜 기간을 두고 연습하여야 하는 것이 감각 훈련인 것이다.

커피를 평가하는 방법은 2가지이다. 재료의 특성을 구분하는 방법과 재료의 완성도를 점검하는 방법이다. 두 가지 방법 모두 구분하는 향과 맛의 차이가 있을 뿐 평가 방법은 비슷하다. 또한 볶음정도에 따라 사용하는 커피의 무게가 다를 수 있다. 볶음도가 다르거나 같은 볶음도이더라도 열 공급방법의 차이가 있다면 수율이 달라질 수 있으므로 보편적인 방법으로 평가하는 것을 원칙으로 하되 상황에 따라 변화를 주는 것이 좋다.

커피를 평가하기 위한 준비과정은 수율과 농도의 비율을 나타내는 그래프에서 비롯된다. 55-60g 의 커피로 1L의 물을 사용하여 추출하는데 농도는 1150 ~ 1350ppm으로 맞춰질 수 있도록 커피를 분쇄하여 측정하는 그래프이다. 우리가 흔히 사용하는 컵 크기로 말하면, 200ml 컵에 약 12g의 커피를 사용하여 침지를 통해 향미를 측정하는 것이다. 물은 약 92-96℃ 정도로 커피가루가 들어있는 컵에 붓고 약 4분간 침지한 후에 윗면의 거품과 가라앉지 않은 알갱이들을 수저로 저어준다. 곧바로 거품 층을 걷어내고 난후 적당히 식으면 입으로 흡입하면서 향미를 평가한다. 평가 시간은 커피가 실온의 상태가 될 때까지 지속하여 뜨거울 때와 식었을 때의 변화 등을 체크한다.

평가 항목은 필요에 의해 달라질 수 있다. 일반적으로 물을 붓기 전의 아로마 aroma, 입 안에서 올라오는 향미 Flavor, 산미 acidity, 감칠맛 sweetness-실제로 단맛이 아닌 저자의 정의, 균형 balance, 촉감 mouthfeel 등이다. 관능평가에 따른 기준은 명확하지 않으며 지역과 사람에 따라 기호 정도도 다르다. 평가점수는 집단 혹은 리더에 의해 기준이 달라지기도 한다. 그만큼 향미 평가는 쉽게 단정 짓기도 힘들고, 정답이라고 주장하기도 어렵다. 스스로 꾸준히 기준을 높이는 훈련을 하고 커피를 많이 접하는 방법 밖에는 없다. 커피의 향미를 파악하고 어떻게 그 향이 발현되었는지를 분석하고, 향미가 결점이라면 원인을 파악하고 수정할 방법을 찾는 것이다. 이것이 곧 관능 평가를 하는 목적이며 제품의 품질 관리인 것이다.

커피 맛과 향은 어떻게 생성되나

커피 맛과 향의 형성은 크게 두 가지이다. 하나는 식물의 품종과 자라는 환경과 가공에 의해서이고 나머지 하나는 볶는 과정에서 화학반응에 의해 나타난다. 전자의 경우는 자연 환경, 유전자형, 재배조건, 수확 후 처리의 영향을 받는다. 아라비카종의 경우는 품종보다 자라는 환경의 지배를 더 받는다. 고품질의 커피는 주로 Typica(예:자메이카 블루마운틴)와 Bourbon(예:케냐 SL28)품종에서 생산되었다. 최근 서아프리카에서는 일반적인 키 큰 품종과 관련하여 왜성종 계열 안에서 몇 가지 차이점이 나타나는데, 그 차이가 유전자형과 직접 관련된 것인지 아니면 생장습성 및 나무의 생리 특성과 간접적으로 관련된 것인지는 아직 알려지지 않았다. 일반적으로 카네포라와의 교배종에서 커피는 여전히 카네포라보다 못한 향미 특성을 지니고 있다는 사실과 카네포라 유전자형 간에 향미 편차도 크게 나타난다. 커피나무의 유전 요소는 환경 요소 및 경작 방식과 상호 작용한다. 속성이 우수한 커피나무라 할지라도 환경이 좋지 않고, 나무의 재배 기준이 좋지 않은 경작 방식이면 효과도 없다.

다음으로 수확 시기인데, 나무마다 같은 조건과 익는 시기가 다르기 때문에 잘 익은 커피만을 취하는 것은 쉬운 일이 아니다. 열매가 과숙되기 전에 수확한다고 하면 대규모의 농장일 경우 기간에 비해 수확할 열매가 더 많다는 것이 문제이다. 따라서 규모에 따라 수확하는 방법에 차이가 나며 이에 따른 맛과 향을 결정짓는 열매의 숙성도도 조절하는 경우가 있다.

수확과 동시에 커피의 맛과 향에 영향을 주는 것은 가공방식이다. 좋은 품질의 커피를 만들기 위해 물이 많이 필요하다. 이러한 조건이 풍부한 지역은 물을 활용하여 가공 하는데, 궁극적으로 커피 향미 품질에 좋기는 하지만 버려지는 물에 점액질이 섞인 발효물로 인하여 환경오염이라는 문제가 발생한다. 근래에는 오염을 일부 해결하면서 최소의 물로 가공하는 기계 등을 개발하여 사용하기도 한다. 물이 부족한 지역에서는 과육이 있는 상태로 건조한 후에 으깨어 과육을 없애는 방식을 사용한다. 이 방식은 건조하는 과정 중에 과육이 발효되지 않도록 관리하는 것이 중요한데 만일 관리가 소홀하면 로스팅 후에 커피에서 발효취가 나타나기도 한다.

커피는 갈색 혹은 검은색의 음료로 우유를 첨가하기는 하지만 특별히 장식을 더하여 조리하는 것이 아니다. 그러므로 맛과 향은 미묘하게 차이가 나며 커피나무가 자라는 환경에서 만들어지는 성분과 열로 인한 생성물이 전부라고 할 수 있다. 그러므로 커피 재료를 선택할 때 신중할 필요가 있다.

두 번째로 로스팅 과정에서 향미 물질이 발현되는 것이다. 커피의 볶음 정도나 열 공급 방법에 따라 향미 물질 분해에 영향이 미친다. 볶음정도가 강해질수록 향미물질은 증가한다. 볶음정도가 더 진행되면 물질의 일부는 증가 후 분해되고, 또 일부는 증가 후 분해되고 다시 재생성이 된다.

푸푸랄 Furfural, $C_5H_4O_2$의 경우 약하게 볶았을 때 농도는 최대가 되고 볶음정도가 더 진행되면 점차 분해된다. 푸푸랄 Furfural, $C_5H_4O_2$은 커피콩에서는 푸란 furan의 헤테로고리 heterocyclic 화합물이고 푸란 furan족 물질은 caramel에서 woody까지의 향미를 만들어낸다.

커피를 볶을 때 향미는 열로 인한 물질 분해로 발현된다. 이런 과정에서 휘발성 화합물 일부는 이산화탄소나 일산화탄소와 함께 방출되는데 이들이 가스성 유기물이다. 이는 메일라드 반응과 스트렉커 중합 반응, 열분해와 산화를 통해 휘발성 유기화합물뿐만 아니라 이들의 부산물인 이산화탄소와 일산화탄소가 생성되는 것이다. 이산화탄소와 일산화탄소는 대부분이 카르복시기제거 decarboxylation를 거쳐 발현되고, 물질의 화학적 연소 combustion를 통해 소량 생성된다. 드럼 안의 온도 상승과 함께 커피콩 온도가 195℃ 정도일 때, 이산화탄소의 방출량은 급격히 증가하고 물이 생성되며 농도는 가스성 유기화합물의 농도와 관련하여 볶는 중에 배기가스에서 나타난다.

열분해 Pyrolysis를 통해 복합물질이 분해되면서 그 결과로 단일 화합물 성분이 생성된다. 트리고넬린 trigonelline은 피리딘 pyridine으로 생성되고, 클로로겐산 chlorogenic acid은 페놀 phenol로 생성된다. 커피기름 일부는 알데히드로 생성된다. 클로로겐산은 볶는 과정에서 대부분 분해되며 자극적이며 쓴맛에 주로 기여한다. 클로로겐산은 페놀류 향미화합물 외에 피리딘류로 형성되고 주로 아라비카보다 로부스타에 함량이 더 많다. 분해 결과물들은 신맛이 나고 일부는 쓴맛과 더불어 떫기도 하다 astringent. 트리고넬린 열분해는 피리딘, 니코틴산 nicotinic acid이 생성되고 클로로겐산보다 높은 온도에서 분해된다. 지질 중, 비-비누화 non-saponifiable되는 지방족류는 휘발성 테르펜 terpene으로 분해되고 지질의 주요 부분은 온도 변화에 양적 변화가 없다.

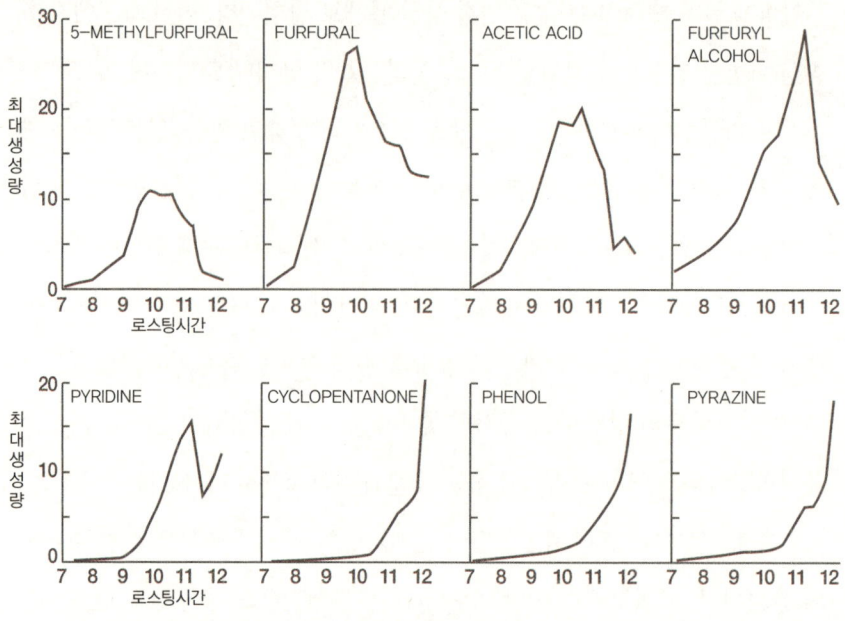

〈그림〉 시간에 따른 마이야르 반응 산물 (출처: Flavor chemistry and technoogy 2판)

커피의 산미에 영향을 주는 것은 아세트산 acetic acid, 시트르산 citric acid, 말산 malic acid, 인산 phosphoric acid 등의 지방족 산 aliphatic acid들이다. 수분 날리기 후, 산의 농도는 증가하기 시작하고, 이후 볶음이 진행되면서 다시 분해된다. 지방족산은 볶은 커피에서만 나타나는 것이 아니라 그린커피에서부터 존재한다. 그린커피에서 가장 중요한 산은 퀸산 quinic acid, 말산 malic acid, 시트르산 citric acid이다. 포름산 formic acid, 글리콜산 glycolic acid, 젖산 lactic acid, 호박산 succinic acid 등은 탄수화물의 열분해를 통해 형성 된다. 퀸산과 인산은 볶음이 진행되면서 증가하지만 볶음도가 강해지면서 산은 분해되고, 볶는 시간이 짧을수록 신맛은 높게 나타난다.

커피를 볶는 과정에서 가수분해 hydrolysis를 통해 향미 화합물질 혹은 그 전구체를 만들기도 한다. 가수분해란 화학 합성 물질이 물의 작용으로 분해되는 것을 말한다. 커피 물질인 클로로겐산의 일부가 퀸산 quinic acid과 카페산 caffeic aicd으로 분해되는 것은 가수분해로 인한 예이다. 퀸산은 그린커피에 존재하며, 볶는 과정 중 그 함량은 밝은 볶음에서부터 중간 볶음까지 일정하게 유지된다. 볶음도가 진행되면서 퀸산의 농도는 다시 증가한다. 그린커피에 존재하는 시트르산과 말산은 부분적으로 분해된다. 이로 인해 호박산 succinic acid, 개미산 fumaric acid, 이타콘산 itaconic acid, $C_5H_6O_4$, 시트라콘산 citraconic acid, $C_5H_6O_4$, 말레산 maleic acid과 같은 새로운 산들이 형성된다.

산화는 산소와 화합하는 반응으로 에너지가 방출된다. 커피를 볶는 중, 비휘발성 방향유들은 커피의 온도가 높을 때 산화하여 휘발성 알데히드류로 변한다. 미량의 알데히드류 발산량은 커피 향미에 영향력이 크다. 지질은 배전 과정 중 아주 약간 분해되는데, 이것은 산화뿐만 아니라 열분해를 통해서도 일어난다.

커피에서 질소, 이산화탄소, 일산화탄소의 혼합체는 다른 휘발성 물질에 비해 많이 생성된다. 세포내에서 증기와 가스 형성으로 압력이 증가하고 세포의 부피는 커지고 밀도는 감소한다. 콩의 내부 압력이 높을 때에도 가스의 일정부분은 커피콩의 세포 안에 남아있다. 이 남는 가스양은 무게비로 최대 2% 정도이며 볶음 정도와 볶은 시간에 따라 달라진다. 강하게 볶을수록, 볶는 시간이 짧을수록 가스의 잔존 함량은 증가한다. 세포 공극의 부피비(공극률, 세포구멍의 부피)는 42%이고, 세포내에 갇혀 있는 가스의 양은 무게비로 0.8%로서, 계산상으로는 대략 8bar의 압력이 가해져 있다. 이 상태는 냉각이 끝난 직후 커피콩 전체에 미치는 것이다.

저장 중에 볶은 커피의 세포에 갇혀 있는 가스는 확산을 통해 방출되는데 이것은 외부 환경과 압력 평형이 이루어질 때까지 계속된다. 볶은 커피에서 가스가 빠져나가는 속도는 커피 볶는 량과 열 공급에 의해 빠를 수도 있고, 느릴 수도 있다. 커피품종, 볶음 정도, 볶은 시간, 온도 프로파일 모두는 생성되는 가스의 양, 세포 조직의 구조, 세포의 부피에 영향이 미치고, 이를 통해 가스가 빠지는 특성에 영향을 주는 것이다.

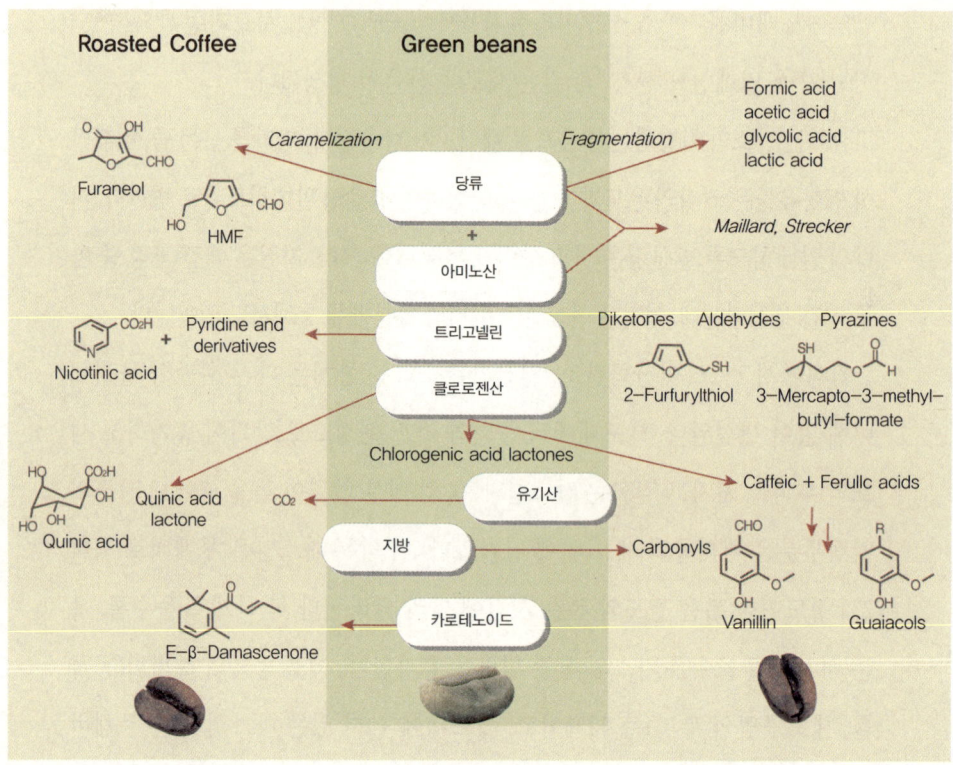

〈그림〉 커피의 향 전구물질과 로스팅 시 만들어지는 향 (출처: 과학으로 풀어본 커피향의 비밀)

마이야르, 캐러멜화 반응

가열로 인한 화학 변화들은 재료 본연의 풍미를 조정하거나 강화시킨다. 그러나 갈변 반응은 볶는 과정에서 특별한 풍미를 만들어낸다. 갈변 반응은 반응 중 나타나는 색깔 때문에 만들어진 이름이다. 그러나 커피가 아닌 음식에서도 환경에 따라 누르스름하거나 붉거나 혹은 검은 갈색까지 다양하게 나타난다. 실생활 속의 갈변 반응은 쉽게 확인할 수 있는데 그 예로 간장, 된장, 우유, 구운 고기, 초콜릿, 맥주 등이다.

캐러멜화

갈변반응 중 가장 단순한 반응은 당의 캐러멜화이지만 이는 말처럼 단순하지 않다. 캐러멜화는 당 분자들이 분해되기 시작하는 지점까지 가열될 때 일어나는 화학작용이다. 거의 자당 분자들인 식탁용 설탕을 가열하면 설탕은 먼저 걸쭉한 시럽으로 녹았다가 차츰 가벼운 노란색에서 짙은 갈색으로 변해간다. 당을 가열하면 당과 단맛은 줄어들고, 색깔은 짙어지며, 쓴맛이 강해진다. 동시에 처음에는 달기만 하고 향이 없었던 풍미에 신맛, 약간의 쓴맛이 생기고 향이 풍부해진다. 여러 가지 화학반응들은 수백 가지의 반응 산물들을 생성시킨다. 이러한 산물은 신맛의 유기산들, 단맛 또는 쓴맛의 파생물들, 수많은 휘발성 향 분자들, 갈색의 고분자들이다.

캐러멜은 자당 분자들이 그 구성 성분인 포도당과 과당으로 분해되었다가 새로운 분자들로 재결합되는 과정이다. 포도당과 과당은 환원당으로 산화와 정반대 작용을 수행하는 반응성 원자들을 가지고 있다. 자당 분자는 환원 원자인 포도당과 과당으로 결합되어 포도당과 과당에 비해 반응성이 떨어진다.

그 이유는 자당은 다른 분자들과 자유롭게 반응할 수 있는 환원 원자들을 가지고 있지 않기 때문이다. 그렇기 때문에 자당이 캐러멜화 되는 온도 170℃가 포도당 150℃ 특히 과당 105℃에 비해 훨씬 더 높다.[13]

캐러멜화는 여러 가지 향들을 만들어낸다. 버터와 밀크 향(디아세틸), 과일향(에스테르와 락톤), 꽃향기, 단내, 럼주 향, 구운 향 등이 대표적이다. 캐러멜 속에 들어 있는 화학적 부산물 일부는 항산화 물질이어서 보관 중 변질되는 것을 방지하는 데 도움을 준다.

설탕을 단백질과 아미노산이 포함된 재료들, 예를 들면 우유나 크림 등과 함께 익히면 캐러멜화와 더불어 설탕 일부가 단백질 및 아미노산과 반응하는 메일라드 반응을 일으키는데, 메일라드 반응은 더 다양한 화합물들과 짙은 향이 생성된다.

메일라드 반응

당에 의한 갈변반응인 캐러멜화보다 더 복잡한 것이 메일라드 반응이다. 당과 단백질이 열분해로 결정적인 색과 풍미를 만들어내는 반응이다. 커피콩, 흑맥주, 오븐에서 구운 덩이 고기 등에서 일어난다. 이 반응은 1910년 무렵에 처음 그것들을 해명했던 프랑스의 물리학자 루이 카미유 마이야르 L. C. Maillard의 이름을 따서 마이야르(영어로 메일라드)반응이라고도 한다.

---

13) 음식과 요리 p 1165

메일라드 반응은 탄수화물 분자와 아미노산의 연쇄적인 반응으로 중간 구조가 불안정하게 형성되고, 이것이 추가로 변화들을 겪으면서 수백 가지의 서로 다른 부산물들이 생성되는 것이다. 또한 이 과정에서 색이 갈변되고 강렬한 풍미가 나온다. 메일라드 반응으로 인한 풍미가 복합적인 이유는 아미노산이 탄소, 수소, 산소 혼합물에 질소와 황 원자들의 조합으로 인하여 새로운 분자 가족들과 향들이 생성되기 때문이다.

메일라드 반응은 비효소에 의한 갈변 반응이고 메일라드 반응으로 인한 생성물은 3가지로 첫 번째는 당의 탈수와 분해 생성물 furans, pyrones, cyclopentenes, carbonyl compounds, acids이고, 두 번째는 아미노산의 분해생성물 aldehydes, sulfur compounds이다. 마지막으로 통합에 의한 휘발성 물질 pyrroles, pyridines, imidazoles, pyrazines, oxazoles, thiazoles, compounds from aldol condesations(축합)이 생성된다. 또한 헤테로 고리 작용기에서 설명는 자당, 아미노산, 트리고넬린 그리고 요산 uric acid 의 열처리로부터 형성된다. 푸란에올 furaneol, 이소말톨 isomaltol 과 말톨 maltol은 메일라드 반응의 아마도리 중간 과정에서 형성된다.

메일라드 반응의 진행과정은 1단계에서 당류 saccharide가 아미노산, 펩티드 peptide 혹은 단백질과의 반응이다. 따라서 반응성이 강하며 다양한 기작 multifunctional으로 중간 생산물이 생성된다. 2단계는 아마도리 전이를 통해서 글루코사민 Glucosamine류로 부터 아마도리 생성물 Amadori product이 생성되고 중간 생산물로부터 나오는 것들 중에는 디케톤^{diketon}, 푸라논^{furanon}, 푸란^{furan}, 피라논^{pyranon} 들이 있다. 이 반응이 계속 진행 스트렉커 중합(strecker synthesis)되면 지금까지의 생산 물질들이 아미노 화합물과 반응한다. 이것은 알데히드 aldehyde류의 시안화나트륨 sodium cyanide과 염화암모늄 ammonium chloride이 부수 가수 분해 반응을 통해 반응하여 알파-아미노산을 생성해 내는 것을 말한다. 1862년 A. Strecker가 발견.

스트렉커 Strecker 중합은 디카보닐 Dicarbonyl 화합물이 아미노산과 반응하는 것이다. 스트렉커 중합을 통해 이산화탄소, 알데히드, 알파-아미노케톤 á-aminoketone을 생성된다. 피라진 Pyrazine류는 축합 comdensation을 통해 생성된다. 이 반응은 탄수화물을 케톤 ketone, 퓨란 furane, 알데히드 aldehyde, 멜라노이딘 melanoidin류 물질과 관계된 화합물로 바꾸어 놓는다. 아미노산은 케톤, 퓨란, 기타 황 화합물이 된다. 분해되지 않은 탄수화물, 특히 비수용성 다당류는 볶은 커피의 세포벽 성분을 채워 준다. 이들 대부분은 커피 음료가 만들어질 때 커피입자 형태로 남아 있게 된다.

캐러멜화와 메일라드 반응에 의해 생성되는 대표적인 풍미들 (출처: 음식과 요리 p1168)	
캐러멜화 165℃ 이상	메일라드 반응 120℃ 이상
단맛(자당, 그 밖의 당들) 신맛(초산) 쓴맛(복합적인 분자들) 과일 향(에스테르) 셰리와인 향(아세트알데히드) 버터스카치 맛(디아세틸) 캐러멜 향(말톨) 결과 향(푸란)	감칠맛(펩티드, 아미노산) 꽃향기(옥사졸) 양파 향, 고기 향(황 화합물) 녹색 채소들(피리딘, 피라진) 초콜릿 향(피라진) 감자 향, 흙냄새(피라진) 더하기 캐러멜화 풍미들

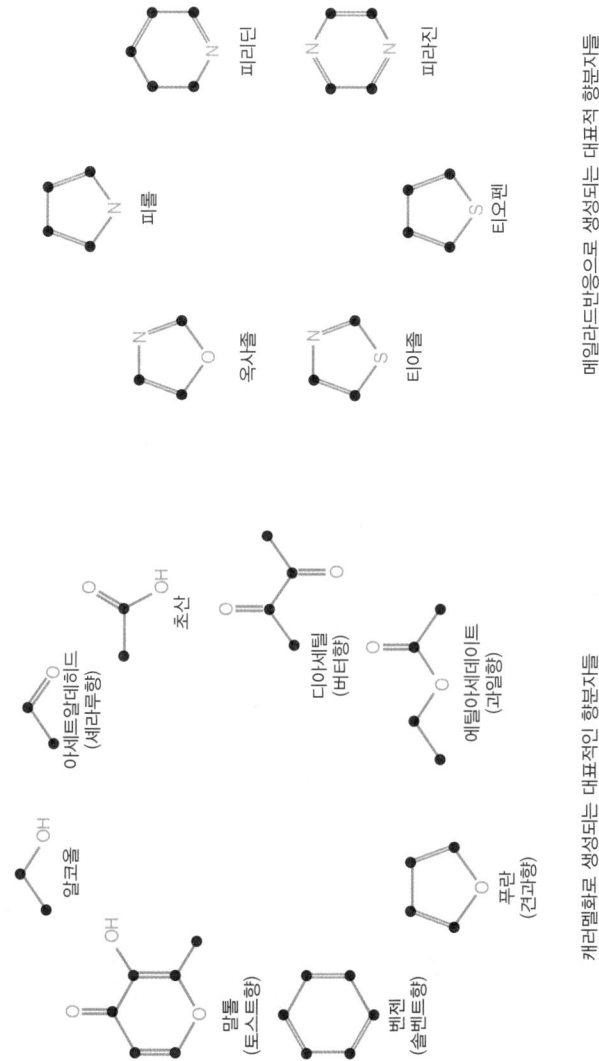

출처: 음식과 요리

109

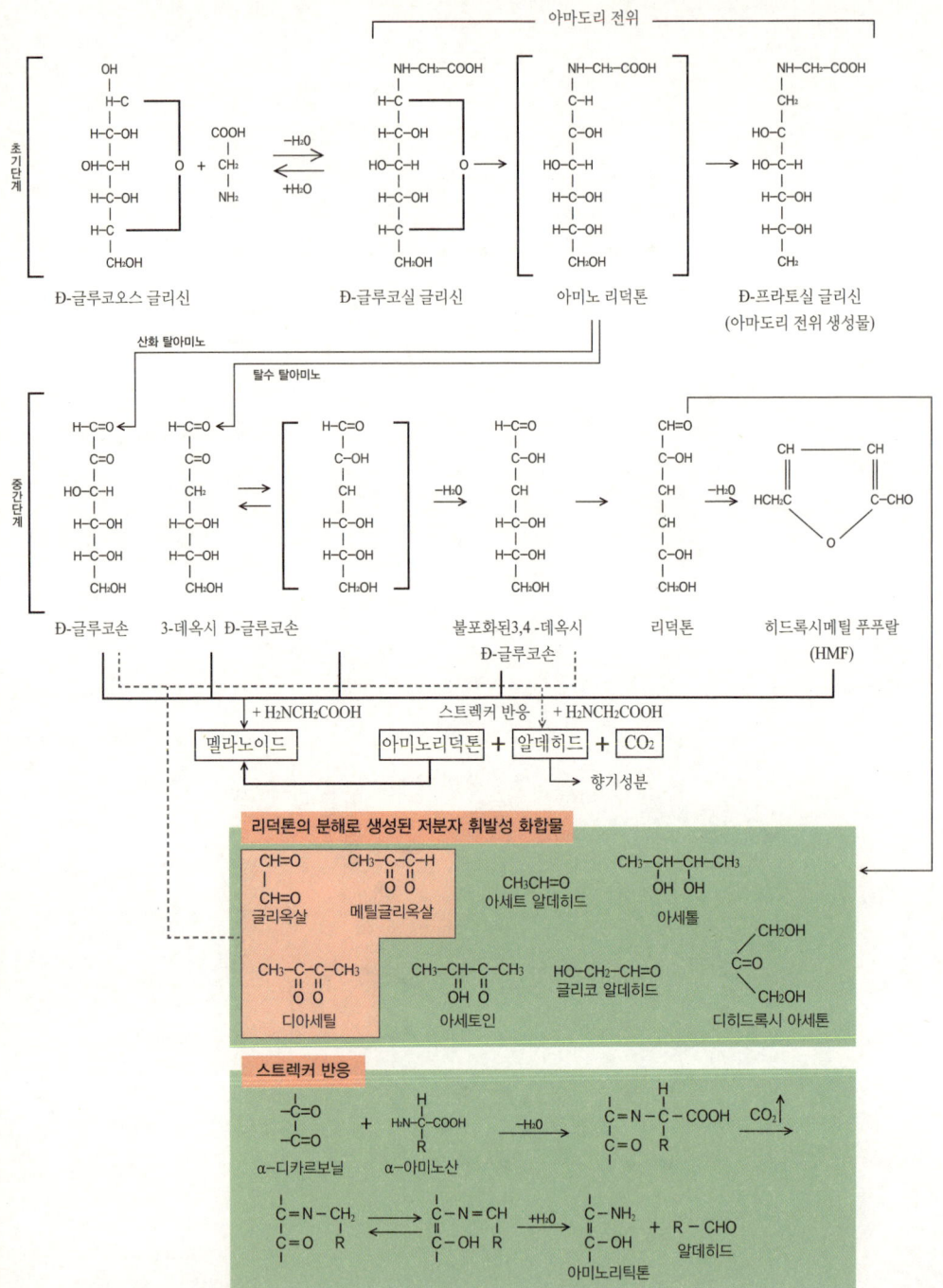

〈그림〉 포도당과 글리신의 메일라드 반응과정 (출처: 식품학, 조신호외)

캐러멜화와 메일라드 반응은 비교적 높은 온도에서 빠르게 진행된다. 설탕의 캐러멜화는 165℃, 메일라드 갈변 반응은 그보다 낮은 115℃ 정도에서 이루어진다. 이러한 반응은 많은 에너지가 필요하기 때문에 현실적으로 갈변 반응은 건식 조리가 이루어질 때 일어난다. 커피는 표면뿐만 아니라 내부까지 갈변현상이 일어나며 진행이 계속되면 커피콩의 내부 조직이 연하여 더욱 진한 갈변이 일어날 수 있다. 수분 정도에 따라 커피의 갈변이 일어나는 시기는 다소 차이가 있을 수 있다.

갈변 반응이 일어나기 위해서는 끓는 점 이상의 높은 온도가 필요하지만 커피를 제외한 식품에서 몇 가지 예외가 있다. 알칼리 환경, 탄수화물과 아미노산이 농축되어 있는 용액, 장시간의 조리 등은 물기가 있는 상태에서도 메일라드 반응의 색깔과 향들을 생성한다. 그 예로 90% 가 수분인 알칼리성의 달걀흰자도 12시간 동안 삶으면 태운 색깔로 변하는 것이다.

커피 향은 생두의 수분을 제거한 후부터 볶는 과정을 거친다. 가열에 의한 향을 만들어내는 것은 100℃ 이상으로 마이야르 반응이 제대로 일어나도록 열량을 주입하는 것이 중요하다. 온도가 높아지면서 휘발성이 높은 향은 없어지기도 하고, 만들어진 향이 변하기도 한다. 커피 로스팅이 마지막 단계로 갈수록 온도가 높아 반응이 빠르게 진행되는 것은 마이야르반응 현상 때문이다. 분자는 같은 방향으로 더 빨리 움직이고 더 세차게 충돌하기 때문이다.

당류	아미노산	반응온도(도씨)	향기특징
포도당	시스테인	100-140	meaty, beffy
리보스	시스테인	100	meaty, roast beef
비타민 C	트레오닌	140	beef extract, meaty
비타민 C	시스테인	140	chicken
포도당	세린 or 글루마민 or 티로신	100-220	chocolate
포도당	류신	100	chocolate
포도당	트레오닌	100	chocolate
포도당	페닐알라닌	100-140	floral, chocolate
리보스	트레오닌	140	almond, marzipan
포도당	프롤린	100-140	nutty
포도당	프롤린	180	bread, baked
포도당	알라닌	100-220	caramel
포도당	라이신	110-120	caramel
자일로스	라이신	100	caramel, buttery
리보스	라이신	140	toast
포도당	발린	100	rye bread
포도당	아르기닌	100	cpopcorn
포도당	메싸이오닌	100-140	cooked potaoes
포도당	아이소류신	100	celery
포도당	글루타민 or 아스파라긴		nutty

〈표〉 당과 아미노산의 조합을 달리했을 때 생성된 향기물질 [출처: food flavor technology 2nd]

커피콩은 온도가 높아지면서 볶일수록 색깔이 더 짙어진다. 커피의 색깔은 풍미의 균형을 보여 주는 훌륭한 지표일 수 있지만 커피의 성분에 의해 색이 결정되어지기도 한다. 로스팅 초기 단계에서는 당이 다양한 산(개미산, 아세트산, 젖산)으로 분해되며, 이것들은 자체의 유기산들(구연산, 사과산)과 더불어 밝은 갈색의 커피콩에 새콤한 맛을 준다. 로스팅이 진행되면서 산과 떫음을 내는 석탄산 물질들(클로로겐산)이 파괴되면서 감소한다. 하지만 쓴맛은 증가하는데, 그것은 몇몇 갈변 반응 산물들이 쓴맛을 내기 때문이다. 그리고 커피콩의 색깔이 중간 정도 갈색 이상으로 짙어지면 갓 볶인 커피콩 특유의 독특한 향은 줄어들고 일반적으로 구운 냄새들이 된다. 마지막으로 산과 타닌과 용해성 탄수화물들이 과도한 로스팅과 함께 감소하면서 자극 물질 등이 줄어든다.

실패한 로스팅의 상태와 이유

커피를 볶고 나면 품질을 점검한다. 대부분 새로운 커피일 경우는 점검을 하지만 같은 콩으로 제품을 연속해서 볶을 때는 점검을 생략하기도 한다. 어떤 경우이든 결과물을 점검하여 결점을 보완하는 것은 완성된 제품을 생산하는 데 도움이 된다. 커피 로스팅 초보자인 경우 결과물이 잘되었는지 잘못되었는지 판단하기 어렵기 때문에 다음과 같은 상태를 확인하고 문제를 해결해 보자.

상태) 주름이 펴지지 않은 상태
문제점) 수분을 날린 후 팝이 일어날 때 충분한 열 공급이 이뤄지지 않았을 확률
　　　　주름이 펴지기 전에 미리 배출했을 때
　　　　볶음정도가 밝을 때
해결점) 수분이 제거된 후 충분한 열을 공급한다.
　　　　볶음도가 너무 밝으면 acetic acid가 될 수 있다. 배출시기를 조절하라

상태) 볶여진 콩들의 색이 고르지 않다.

문제점) 너무 센 열을 초반에 주어 빠른 시간에 볶았다.

해결점) 커피콩의 색이 고르지 않다는 것은 밀도가 다른 콩들이 섞였을 확률이 높다. 수분을 날릴 때 다른 콩의 상태를 최대한 비슷한 환경으로 만들어 준 뒤, 볶는 단계로 넘어간다.

상태) 강볶음이 아닌데 기름성분이 나왔다.

문제점) 열을 너무 세게 주입하였다.

해결점) 열 공급 방법을 조절한다.

상태) 쪄진 향이 난다.

문제점) 수분이 많은 커피로 수분 날릴 때 화력이 너무 강하다.

해결점) 수분을 충분히 날릴 수 있도록 화력을 조절한다.

눈으로 확인할 수 없는 상태가 있다. 눈으로 확인하기에는 볶여진 콩의 색이 고르게 잘 발현하였다 하더라도 맛을 보면 커피의 볶인 향이 아닌 찐 향이 될 수 있다. 커피의 찐 향은 수분 날리기 단계에서 너무 열이 과하여 콩의 표면에 경화가 일어나 일부 콩 내부의 수분이 갇혀 볶여지므로 발생할 수 있다.

상태) 햇콩인데 우디(묵은)한 향이 난다.

문제점) 완성단계에서 열량이 부족하다.

해결점) 볶기 초기부터 완성까지의 열량을 충분히 주입한다.

우디향이 나는 경우는 마지막 단계에서 볶는 열이 충분하지 못하였을 때이다. 커피를 볶는다는 것은 적절한 열을 공급하여 향이 발현되도록 하는 것이다. 너무 낮은 온도로 볶을 경우 향이 부족하거나 밋밋한 향의 커피가 만들어질 수 있다. 또한 센 열을 주입하더라도 열 손실이 많으면 콩 내부까지 열전달이 부족할 수 있다.

커피의 향은 화학 반응으로, 분자들을 분해하고 재배열하여 새로운 화합물을 생성하여 만들어진다. 화학반응이 잘 일어나도록 열 관리가 중요하다.

상태) 향이 밋밋하다.
문제점) 열이 부족하거나 커피콩자체가 향미 물질이 부족하다.
해결점) 전체 볶는 시간동안 총 열량이 부족하거나 향을 발산하기 위한 열을 충분히 주입하여야 하는데 그러지 못한 것이다. 향미 물질을 재형성할 수 있는 전구체를 만들어내는 단계에서는 충분한 시간을 주고 1팝 진행과 더불어 향을 합성하는 단계에서 콩의 온도가 상승할 수 있도록 화력을 보충하는 것이 좋다. 간혹 열이 너무 세거나 하면 오히려 화력을 줄이는 경우도 있지만 전체 총 열량에 중점을 두고 화력 조절을 하여야 한다. 또는 커피콩 자체의 향미 물질이 부족한 경우인데 이는 미성숙한 그린커피 혹은 품질이 낮은 커피일 경우 그러하다. 그린커피 품질의 문제라면 간단하다. 품질이 좋은 커피를 선택하면 된다. 향미 물질이 충분하지 않은 커피콩으로 커피 볶기를 훈련하면 향미 발현이 제대로 되었는지 알 수가 없다.

그 외 발생할 수 있는 또 다른 현상들

화학반응에서 나타나는 보이지 않는 현상들을 이해하는 것이 좋다. 이는 커피를 볶는 과정에서 보이지 않는 부분들로 콩 속의 수분을 날릴 때 내부의 상태와 향의 전구체를 만들고, 유기산 등이 발산되면서 나타나는 현상들이다. 이러한 현상은 보이지 않으면서 항상 똑 같은 반응을 나타내지 않기 때문에 판단하기 어렵다. 관찰을 통하여 화학 반응을 미리 예상하고 화력을 제어하면 좋은 결과물을 확보할 수 있을 것이다.

쇠 맛이 난다. 떫으며 쓰다.

　쇠 맛이라 하면 영어로는 iron 이다. 커피에서 쇠 맛이 난다고 하면 일부 클로로겐산이 불완전한 상태인 것이다. 클로로겐산이 완전히 분리되면 산미가 좋게 나타난다. 분리가 일어나야 하는 시기에 제대로 반응이 일어나지 않으면 쇠 맛이 나거나 떫으며 쓰다.

강하게 볶은 향이 나면서 쇠 맛이 난다.
　이 현상은 강하게 볶여진 향이 나지만 수분날리기가 완벽하지 않거나 화학반응이 제대로 이루어지지 않았기 때문이다. 또한 살짝 그슬렸을 경우에도 이러한 향이 날 수 있다. 이때는 커피가 향이 적어 밋밋할 수도 있다.

약하게 볶았는데 쓴 맛이 난다.
　약하게 볶아도 쓴 맛이 날 수 있다. 이 쓴 맛은 강하게 볶았을 때 쓴 맛과 다르다. 보통 이런 쓴 맛을 'green bitter' 혹은 'vegetable bitter'라고도 하는데 클로로겐산의 분해가 원활히 이뤄지지 않았거나 클로로겐산락톤, 퀴닉락톤 등이 원인으로 나타나기도 하지만 정확한 이유를 알기 위해서는 커피의 향미물질 분석 연구가 절실하다.

왜 실패하는 걸까? 실패하는 요인과 해결점

　대부분 커피를 볶을 때 실패의 원인은 열 조절이다. 열 조절은 볶는 각 단계별로 충분하게 주입이 되어야하고 특히 수분 날리기가 잘 되어야 볶는 단계에서 향을 잘 만들어 낼 수 있다. 수분 날리기에서 열 조절에 실패하면 찐 듯한 냄새가 날 수 있다. 수분 날리기는 확산을 통해 수분을 콩의 내부에서 겉면으로 끌어내어 콩의 외부로 증발시키는 것이다. 콩 내부의 수분이 겉으로 이동하여 밖으로 빠져나가기 전에 겉면이 너무 익어버리면 수분이 갇히는 격이 되어 볶는 단계를 거치지 못하기 때문에 좋은 향을 만들어 내기 어렵다. 특히 수분 날리기 마지막 단계에서 충분한 열을 주입하여야 하는 것은 기화하는 단계에서 열 부족 현상을 채워주기 위함이다.

수분날리기 후에 색이 만들어지는 단계에서 향을 구성하는 전구체들이 생성된다. 캐러멜화 반응보다 메일라드반응이 먼저 시작되고, 천천히 반응하도록 유지하는 것이 중요하다. 기계마다 다를 수 있지만 중요한 단계이다.

1차 팝이 시작되면서 원하는 볶음 정도에 의해 열 주입 방법이 달라진다. 물론 수분날리기 단계부터 열관리는 달라질 수 있겠지만 약하게 볶더라도 열이 충분하여야 한다. 그렇지 않으면 쇠 맛이 날 수 있기 때문이다. 강하게 볶을 경우 그슬리거나 타거나 하지 않아야 하는데 특히 세포벽이 파괴되지 않도록 하는 것이 더 중요하다. 세포벽이 파괴되면 맛과 향의 유지기간도 짧아지기 때문이다.

경험이 부족한 사람들이 볶은 커피의 결과물을 살펴보면 향미가 많이 부족하거나 미세하게 설익거나 그슬리는 경우가 있다. 또한 강하게 볶을 때 태우는 경우도 있지만, 세포벽이 파괴될 정도로 열이 너무 강하게 주입되는 경우가 있다. 이와 같은 경우는 향미가 가스와 함께 빠르게 소실되므로 좋은 결과라고 할 수 없다. 따라서 커피의 상태에 따라 열 주입을 적절히 하는 것은 매우 중요하다.

마지막으로 품질 검사를 통해 로스팅의 결함으로 인한 문제인지 재료의 문제인지 파악을 한다. 문제점을 모르면 해결 방법도 찾기 어렵기 때문이다.

저자체험담
커피를 핑계로 지식의 확대

심심풀이로 시작했던 커피가 10여년이 지나서 나에게 배움의 길로 들어서게 될 것이라는 것은 상상도 못했다. 외우는 공부가 싫어서 책마저도 읽지 않았던 내가 커피를 하면서 커피관련 책을 반복해서 보기 시작하였고 다른 분야의 책까지 보게 되었다. 처음에는 무엇부터 봐야 할지 몰라서 무조건 손에 잡히는 책을 보기 시작하였고, 기타 커피 관련 분야까지 이어졌다. 나이가 들면서 정보를 쉽게 기억하기는 힘들지만 그래도 어려운 책을 반복해서 보니 아주 천천히 그리고 조금씩 뇌의 기억으로 저장되기 시작하였다. 이 기억들은 대중매체나 다른 사람으로부터 나의 뇌 속으로 정보가 입력될 때 도파민을 분비시켜주면서 즐거움이 더욱 커졌다. 커피 하나로 시작하여 확대된 분야는 물리, 화학, 생명, 뇌과학 등이다. 현재의 삶은 과거에 비해 영양적인 측면과 풍부한 먹거리로 오래 살 수밖에 없다. 앞으로 남은 인생을 공부의 즐거움으로 천천히 살아가려 한다.

2. 로스팅의 과학: 심도 있는 공부를 위해 알아두면 좋은 지식

원소와 원자의 차이는 간단하다. 원소는 양과 상관없이 근본적인 물질을 가리키고, 원자는 그 물질의 근본 단위이다. 원자들이 각기 다른 방식으로 배열되어 있으면 물질도 달라진다. 원자 배열의 차이가 내부 구조를 다르게 만들고, 결과적으로 드러나는 겉모습도 달라진다. 겉모습이 다르면 성질도 각기 다르다.

물

물은 화학물질이며, 복잡하다. 물은 지구 표면의 3/4 가까이 덮고 있다. 물은 생명이 존재하기 위한 중요한 요소인데 특히 액체 상태의 물이 그러하다. 생명체가 살아가고 생명을 유지하는 데 필요한 화학 반응이 일어나기에 적절한 환경을 제공해줄 수 있는 독특한 화학적, 물리적 특징을 갖고 있기 때문이다.

액체 상태의 물은 거의 모든 것을 녹일 수 있는 탁월한 용매이다. 수용성 물질 중 상당수는 물에 용해되어야 반응을 일으킨다. 우리 몸은 물이라는 환경 속에서 다른 물질들의 반응으로 대사 작용을 하고 세포나 화학물질을 운반할 수 있다. 물은 다른 화학물질에 비해 넓은 온도 범위에서 액체 상태로 존재하는데 그 범위는 0℃에서 얼고 100℃까지이다. 이처럼 넓은 온도 범위에서 액체 상태로 존재하는 물질은 쉽게 찾아보기 어렵다.

물은 고체일 때보다 액체일 때 밀도가 더 높다. 그 이유는 고체 상태인 얼음이 물에 뜨는 것은 얼음 상태에서 물 분자가 특이하게 배열하기 때문이다. 빙

산이 물에 뜨지 않고 바다로 가라앉아 바다 속부터 얼어붙는다면 심각한 문제가 발생할 것이다.

물은 매우 역동적이어서 수소결합을 한 물 분자들이 매초마다 수조번씩 연결을 끊었다 형성한다. 그러나 물 분자의 증발은 물 표면의 제곱나노미터^{nm2}당 1초에 약 1억 번 정도로 드물게 일어난다.

탄소, 단백질, 당

탄소는 지구상의 모든 생물의 근본이며 생물 분자의 화학적 골격을 형성하는 원소이다. 우리 몸을 구성하는 원자, 산소와 수소 다음으로 탄소인 만큼 중요한 원자이다.

탄소는 같은 탄소끼리 그리고 다른 종류의 원자들과도 결합해서 고리나 사슬, 그밖에 복잡한 구조를 잘 형성하기 때문에 탄소화합물의 종류는 다양하다. 모든 탄소화합물은 유기화학으로 탄소를 함유한 화합물 대부분은 자연 상태의 장소인 식물 뿌리든, 박테리아든, 인공 실험이든 유기화합물로 분류한다. 자연은 수백만 가지의 서로 다른 복잡한 탄소화합물을 만들어내고 여기에 인공 합성 탄소화합물까지 포함하면 무한에 가깝다.

단백질은 아미노산들이 펩티드 결합으로 연결된 분자이다. 자연에 존재하는 단백질은 대략 20개의 아미노산으로 구성되어 있다. 우리 몸에서 합성할 수 있는 아미노산을 비필수아미노산이라고 하고, 몸에서 합성하지 못해 음식으로 섭취해야 하는 아미노산을 필수아미노산이라고 한다. 단백질의 역할은 구조를 형성하고 세포 안에서 일어나는 활동의 상당 부분을 수행하고 조절할 만큼 다재다능하다. 연구에 따르면 일반 동물 세포의 20%가 단백질이며, 수천 종류의 단백질을 함유한다. 단백질 사슬 조합은 5개의 아미노산으로 300만 가지가 넘게 조합된다. 이보다 훨씬 긴 사슬의 일반적인 단백질은 더욱 다양하다. 커피를 볶는 과정에서 단백질은 당과 함께 열분해로 향미를 생성하는 데 중요한 요소이다. 아미노산의 구성이나 조합된 단백질에 의해 향의 질과 종류도 다양하게 나타난다.

당은 우리의 몸에 에너지를 제공하는 중요한 물질이다. 에너지를 얻기 위해 우리는 섭취한 음식을 태워 당을 분해하는 반응을 일으킨다. 당이 석유 같은 연료처럼 연소하기 위해서는 산소가 필요하고 결과물로 에너지, 이산화탄소, 물이 생성된다. 당은 우리에게 중요한 에너지 급원이지만 체내 당 수준은 엄격하게 균형을 이루어야 한다. 과량의 포도당은 다당류인 글리코겐의 형태로 간과 근육에 저장된다. 격한 운동을 하는 선수들에게는 필요하지만 일반인에게는 혈액 속에 포도당과다로 인하여 몸에 비상 연료로 지방으로 저장한다. 그럼에도 불구하고 뇌는 포도당만을 요구한다. 우리는 당을 음식으로 섭취해야 하지만 식물은 광합성 반응을 통해 스스로 합성한다. 음식으로 얻는 당은 대부분 식물에서 온 것이다.

커피에 함유된 성분 중 당도 광합성 반응을 통해 만들어진 것이다. 커피를 볶을 때 당의 역할은 커피생콩에 갈색으로 변하게 만들며, 단 향을 비롯한 여러 향들을 만들어 낸다. 단백질과 더불어 마이야르 반응까지 일으키며 더 많은 향기물질이 생성된다.

설탕은 탄소, 수소, 산소의 세 가지 원소만으로 만들어지고 탄소 원자들이 중추를 이루고 거기에 다른 원소들이 붙어 있다. 일부 당은 단순한 분자 단당 들인 반면에 나머지 당들은 2개 이상의 단당이 결합되어 만들어진다. 포도당과 과당은 단당류이며, 자당은 하나의 포도당과 하나의 과당이 결합된 이당류다. 설탕의 단맛에는 순수하고 단순한 단맛 이상의 느낌이 있다. 풍미화학자들은 단맛 단맛이 들어있는 음식 이 몸으로 유입되면 뇌에 좋은 에너지원이라고 판단하고 따라서 특별한 주의를 기울일 가치가 있다는 신호를 보냄으로써 우리 인체의 음식 향에 대한 지각 능력을 대폭 강화시켜 주는 효과가 있음을 입증했다.

〈그림〉 자당의 구조

자연에 존재하는 수많은 종류의 당들은 모두 단맛을 지니고 있지만, 저마다 성질이 다르다. 포도당은 전분 사슬을 구성하는 기본 단위로 덱스트로스 dext-rose 라고도 하며, 살아있는 세포들이 직접 화학에너지를 추출하는 흔한 당이다. 포도당은 다른 당들과 섞여 수많은 과일과 꿀에서 발견된다. 엿당 말토스은 2개의 포도당으로 구성된 것이다. 자당에 비해 포도당은 단맛이 덜하며, 물에 덜 용해된다. 150℃ 정도에서 녹아 캐러멜화되기 시작한다. 과당은 레불로스 levulose라고도 하며, 포도당과 같은 화학식을 가지고 있지만 원자들의 배열 구조가 다르다. 과당 역시 포도당과 같이 과일과 꿀에서 발견된다. 과당은 일반적인 당들 가운데 단맛이 가장 강하며, 물에 가장 잘 용해되고(상온의 물 1에 4의 비율로 녹는다), 물을 가장 효과적으로 흡수하고 간직한다. 과당은 인체에서 포도당과 자당에 비해 느리게 대사하며, 혈중 당 수치를 완만하게 끌어올린다. 과당은 다른 설탕들에 비해 훨씬 낮은 온도에서 녹아서 105℃에서 캐러멜화되기 시작한다.

과당 분자는 물에 용해되었을 때 여러 가지 형태로 존재하며, 모양에 따라 우리 단맛 수용체들에 다른 효과를 낸다. 가장 강한 단맛을 내는 모양은 육각고리 형태로, 차고 약한 산성인 용액에서 현저하게 나타난다. 따뜻하거나 뜨거운 환경에서는 단맛이 덜한 오각 고리로 모양이 변한다. 과당의 명시적인 당도는 60℃가 되면 거의 절반 수준으로 떨어진다.

포도당이나 자당은 이처럼 극적으로 변하지 않는다. 따라서 과당은 찬 음료에서 식탁용 설탕 대신 유용하게 쓰인다. 찬 음료에서 과당은 설탕의 농도와 칼로리를 50% 가까이 낮출 수 있게 해준다. 그러나 뜨거운 커피에서는 단맛이 식탁용 설탕 수준으로 떨어진다.[14]

---

14) 음식과 요리 p1023

자당은 설탕의 학술적 명칭으로 1개의 포도당 분자와 1개의 과당 분자로 이루어진 복합 분자다. 녹색 식물들은 광합성 작용을 통해 자당을 생산하며, 모든 당들 가운데 자당은 유용한 성질들이 가장 잘 조합되어 있다. 자당은 과당에 이어 두 번째로 달며, 높은 농도에서도 유일하게 기분 좋은 맛을 낸다. 자당은 또 두 번째로 물에 잘 용해되는 설탕이다. 상온의 물 1에 자당 2의 비율로 용해된다. 또 물에 녹았을 때 가장 점성이 높다. 자당은 160℃ 정도에서 녹기 시작하며, 170℃ 정도에서 캐러멜화 된다.

  젖당은 우유에서 발견되는 당으로 포도당과 갈락토스라는 2개의 단당으로 구성된 복합체다. 젖당은 식탁용 설탕에 비해 훨씬 덜 달기 때문에 당 알코올과 유사한 방식 혹은 물리적 용적에 이용된다.[15]

  당은 종류마다 다른 느낌의 단맛을 준다. 자당은 혀에 감지되는 데 시간이 걸리며, 단맛이 오래 간다. 이에 비해 과당의 단맛은 재빨리 그리고 강력하게 포착되지만, 또 재빨리 사라진다. 그리고 옥수수 시럽은 그 단맛이 느리게 감지되며, 자당의 단맛 강도의 절반 정도에서 절정을 이루며, 자당보다도 더 오래 간다. 과당의 재빠른 작용은 음식물들 속의 몇 가지 다른 풍미들, 특히 과일 맛, 신맛, 매운맛 등을 강화시킨다고 한다. 그것은 남아 있는 단맛에 의한 위장 효과 없이 이 맛들을 선명하게 지각할 수 있도록 해주기 때문이다.

---

15) 음식과 요리 p1001

열역학 법칙

열역학 법칙은 과학이나 사회에서 흔히 적용되는 법칙이다. 열역학 법칙이 없다면 화학 작용이나 반응의 과정을 이해하기 어렵고 예측도 어렵다. 또한 보통 반응이 아닌 전혀 다른 식으로 반응이 일어나기도 한다. 커피를 볶을 때 열역학을 과학자 수준으로 알 필요는 없지만 커피를 볶는 것은 열을 다루는 것이고 기본 원리를 알면 열을 능숙하게 활용할 수 있으므로 법칙을 아는 것이 도움이 되겠다.

열역학 제1법칙은 간단히 말하면 에너지는 결코 새로 생성되지도 않고 사라지지도 않는다는 것이다. 이 법칙은 에너지가 한 가지 형태에서 다른 형태로 변환될 수 있지만 에너지의 총합은 일정하다는 것이다. 일정량의 열을 일로 바꾸었을 때 열은 소멸되지 않고 이동하였거나 다른 형태의 에너지로 바뀌었을 뿐이다. 에너지의 변환이다.

화학 반응이 진행될 때 에너지는 손실되는 것이 아니라 어딘가 다른 곳으로 이동한다. 대개 열의 형태로 주위환경으로 이동한다. 열역학에서 열이 손실되는 반응을 발열반응이라고 하고, 반대로 주의로부터 열을 흡수하는 반응을 흡열반응이라 한다. 아무리 많은 에너지가 오고 가더라도 에너지 총량은 언제나 그대로 보존된다는 것이 중요하다. 그것이 바로 에너지 보존법칙(열역학 제1법칙)의 본질이다.

열역학 제2법칙은 제1법칙보다 조금 더 이해하기가 어렵다. 이 법칙이 까다롭게 느껴지는 이유는 엔트로피라는 어려운 개념 때문이다. 엔트로피는 무질서의 척도로 엔트로피가 높으면 무질서도 높다는 것이다. 열역학 제2법칙에 따르면 엔트로피는 언제나 증가하며 절대 감소하지 않는다. 이 법칙은 우주를 포함하여 모든 것에 적용된다. 열역학 제2법칙에 따르면 우주는 완전한 무질서 상태가 되면서 결국 사라진다는 것이다. 많은 경우에 우리는 열을 가지고 열역학 제2법칙을 표현하다. 즉, 열은 항상 뜨거운 곳에서 차가운 곳으로 흐르고 따뜻한 차는 항상 주변의 대기에 열을 빼앗겨 차갑게 식는다. 물이 높은 곳에서 낮은 곳으로 흐름을 뜻하며 낮은 곳에서 높은 곳으로 흐를 수 없는 것처럼 시간도 반대로 움직이지 못하는 것이다. 이와 같은 열의 비가역적인 변화를 설명하기 위하여 도입된 물리량이 엔트로피이다. 에너지는 자유로이 형태를 변환시킬 수 있지만 그 때마다 본래 그 에너지가 갖고 있던 능력의 일부가 반드시 사라진다. 에너지 중에서 일로 바뀔 수 있는 에너지, 즉 엔탈피만 있는 것이 아니라 일로 변환시킬 수 없는 양이 있는데, 이를 엔트로피라고 한다. 따라서 엔트로피가 증가하는 방향의 변화는 쉽게 일어날 수 있지만 엔트로피가 감소하는 반응은 쉽게 일어나기 어렵다. 바닷물이 증발하여 수증기가 되며, 소금이나 설탕이 물에 용해된다. 생물체가 늙어 가며, 배추가 소금에 절여지는 것 등의 변화는 엔트로피가 증가하는 변화들이다.[16]

---

16) [네이버 지식백과] 엔트로피 [entropy] (Basic 고교생을 위한 화학 용어사전, 2002. 9. 30., (주)신원문화사)

열역학 제2법칙은 화학 작용이나 반응에서 어떤 일이 일어날지 예측하는데 중요한 역할을 한다. 전반적으로 엔트로피가 증가할 때 열역학적으로 타당한 반응이라는 말이다. 반응이 열역학적으로 타당한지는 '시스템(계)' 안의 엔트로피만 고려해서는 안 된다. 시스템뿐만 아니라 그것을 둘러싼 주위의 엔트로피 변화까지 고려해야 한다. 열역학 제 2법칙에 위반되지 않는 한 반응은 일어날 수 있다. 만약 반응이 일어나지 않는다면 로스터는 열역학 제2법칙에 맞추기 위해 무엇을 조정해야 할지 찾아내야 할 것이다.

커피를 볶는 과정에서 드럼 내부의 열은 콩으로 전달된다. 열을 중단한다고 콩이 가지고 있는 열을 드럼으로 전달할 수 있는 것은 아니다. 그래서 커피를 볶는 과정에서 열은 콩보다 앞서 가야 화학 반응을 일으킬 수 있다. 열의 감소로 인하여 열평형이 일어나면 화학 반응은 원하지 않는 반응으로 변성될 수 있다. 열역학 법칙을 이해하는 것은 매우 중요하다. 계절이 바뀌면 열의 이동이 어떻게 이뤄지는지, 냉난방기가 로스터에 어떤 영향을 주는 지 등을 고려하여야 한다.

에너지

에너지는 초자연적인 존재와 같아 설명하기 어려운 개념이다. 강력하지만 손에 잡히지 않고 자체는 볼 수 없지만 그 영향력을 확인할 수 있는 것이 에너지다. 생활에서 접할 수 있는 연료, 음식, 열, 떨어지는 나뭇잎, 자석, 번개, 기타의 줄 소리 등 모든 것이 에너지이다.

모든 생물은 모두 에너지를 이용하여 자신의 몸을 유지하고 성장해 나간다. 어떤 생물은 에너지를 이용하여 움직이기도 한다. 인간은 거대한 에너지를 이용하여 기술을 발전시키고 공장을 돌려 갖가지 물건을 만든다. 그러나 에너지는 볼 수도 없고 손으로 만질 수도 없다. 에너지는 잡히지 않는 실체인 것이다.

에너지라는 단어는 '일하기 위한 능력' 또는 '거리를 가로질러 행사되는 힘'으로 정의되며, '안'과 '힘' 또는 '활동'이라는 뜻을 가진 두 그리스어 단어를 조합한 것이다. 간단하게 말해서 에너지란 '변화'를 가능하게 만드는 물리적 계의 성질이다. 에너지를 적게 가진 계는 대체로 변하지 않는다. 거꾸로 어떤 물체에 가해지는 에너지가 클수록 그 물체는 변화를 일으키거나 주변을 변화시키기가 쉽다. 로스터는 커피에 열에너지를 집어넣음으로써 그 성질을 변화시킨다. [17]

원자와 분자들은 다양한 형태로 에너지를 흡수하거나 방출할 수 있는데, 주방에서 중요한 것은 분자운동과 결합에너지, 두 가지이다.

열의 본선: 분자운동

운동에너지는 에너지의 한 종류다. 원자와 분자는 회전하거나 진동하기도 하고, 이동하기도 한다. 위치와 방향의 변화에는 모두 에너지가 필요하다. 물질의 운동에너지를 표현한 것이 '열'이며, 그 에너지를 계량화한 것이 '온도'이다. 기계의 드럼 온도가 높을수록 그것은 더 뜨겁고, 그 분자들은 더 빠르게 운동하고 서로 충돌한다. 단순한 운동은 분자와 커피 물질을 변형시키는

---

[17] 음식과 요리 p1229

열쇠다. 분자들이 점점 더 빠르고 강력하게 이동하게 되면 그것들의 운동과 충돌이 일어나 일부 원자들이 풀려나와 새로운 파트너를 찾아 나서게 되며, 자체로 새로운 분자로 재배열된다. 이렇게 해서 열은 화학반응과 화학변화를 촉진시킨다.

결합에너지

두 번째 중요한 에너지는 분자들을 한데 묶는 화학적 결합에너지다. 둘 이상의 원자가 전자를 공유함으로써 하나의 분자가 될 때, 이 결합력은 전기적 힘에 의해 서로 끌어당겨진다. 힘에서 결합을 형성하는 과정에서 그 전기 에너지의 일부가 운동에너지로 전환된다. 그리고 당기는 힘이 강할수록 서로를 향해 더 빠르게 가속된다. 결합이 강할수록 그 분자로부터 운동의 형태로 더 많은 에너지가 방출되고 소실된다. 그래서 강한 결합은 약한 결합보다 에너지가 적고 안정적이다.

결합의 세기는 가담하는 원자들로부터 배출된 에너지 양으로 결합이 형성되면서 결정된다. 분자 속의 원자들이 가열되어 서로 결합할 때 방출했던 것과 동일한 양의 운동 에너지를 가지고 운동하게 되면 그 결합이 깨어지기 시작하며, 분자가 반응을 일으키고 변하기 시작한다.

단백질, 탄수화물, 지방 등의 강한 공유결합은 가열을 하지 않으면 상온에서 파괴되는 경우가 드물다. 수소결합이나 반데르결합의 경우는 상온에서도 파괴되고 재형성된다. 여기에 열을 가하면 이러한 현상은 증가한다. 지방에 열을 가하면 녹거나 농도가 약해지는 이유이다.

발열반응과 흡열반응

 발열 반응이란 화학 반응이 일어날 때 반응 물질 내부의 화학 에너지가 열로 전환되어 방출되는 것을 말하고, 흡열 반응은 이와 반대로 화학 반응이 일어날 때 주변으로부터 열을 흡수하는 반응을 말한다. 예를 들면 사람이 음식을 먹고 호흡을 통해 유입된 산소로 음식을 산화하여 열을 발생시켜 체온을 유지하는 것은 발열반응이다. 무더운 여름 마당에 물을 뿌리면 일시적으로 시원하게 느끼는 것은 흡열반응으로 차가운 물이 수증기가 되어 날아가면서 당의 열을 빼앗아가는 현상이다.

 흡열반응은 결합이 생성될 때 방출되는 에너지보다 반응물의 결합을 깨뜨리는데 더 많은 에너지가 필요한 화학반응이다. 흡열반응이 진행되기 위해서는 열형태의 에너지를 꾸준히 공급해주어야 한다. 커피를 볶는 과정에서 수분 날리기와 갈변화 초기에서 중기까지의 반응에서 주로 흡열반응이 일어난다. 흡열반응으로 인한 커피 물질의 변화는 상변화에서 설명되어 있다.

 발열반응이란 반응물의 결합으로 생성된 물질에서 에너지가 방출되는 화학반응이다. 발열반응이 진행되면 에너지가 주로 열 형태로 계속 방출된다. 커피를 볶는 과정에서 발열반응은 일어나지만 작은 용량의 기계에서는 발열반응으로 인하여 커피가 서로에게 크게 영향을 주지는 않지만 그렇다고 전혀 없다고는 볼 수 없다. 발열반응이 일어난다는 것은 화학적인 결합으로 향이 생성되고 있다는 것이다. 커피에서 만들어지는 향은 발열과 흡열이 번갈아 가면서 합성과 분해, 재배열을 거친다.

 커피를 볶는 과정에서 처음에는 엔탈피가 증가하다가 감소한다. 그렇다면 엔탈피는 무엇인가. 엔탈피는 물질이 지니고 있는 고유의 에너지로 열함량이라고도 한다. 물질의 엔탈피 값을 정확히 측정하는 것은 불가능하나, 화학 반응이 진행되는 동안의 반응열을 측정하면 엔탈피의 변화량을 알 수 있다. 이때 발열 반응의 경우 엔탈피가 감소하며 (∆H < 0), 흡열 반응의 경우 엔탈피는 증가한다.(∆H > 0)

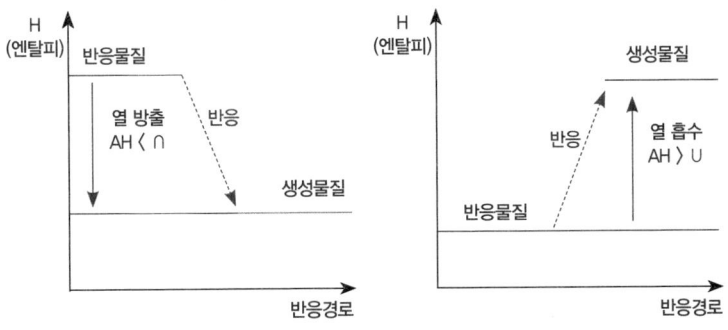

〈그림〉 반응물질과 생성물질의 엔탈피 변화(출처:네이버 지식백과)

물질은 지니고 있는 에너지가 낮을수록 안정하다. 그렇기 때문에 발열 반응은 생성 물질이 더 안정적이고, 흡열 반응은 반응 물질이 더 안정적이다.

반응 엔탈피(∆H)는 화학 반응이 일어나게 되면 반응 물질이 갖는 엔탈피의 합과 생성 물질이 갖는 엔탈피의 합이 다르기 때문에 열의 출입이 생긴다. 이러한 화학 반응에서 생성 물질의 엔탈피의 합에서 반응 물질의 엔탈피의 합을 뺀 값을 반응 엔탈피라고 한다.

∆H = ΣH생성물 - ΣH반응물

화학 반응이 일어날 때 출입하는 열에너지를 반응식에 표시한 것을 열화학 반응식이라고 한다. 열화학 반응식은 엔탈피와 반응열로 나타낼 수 있는데, 이 둘은 크기는 같고 부호만 반대이다. 발열 반응일 경우 반응열은 (+), 엔탈피는 (-)이고 흡열 반응일 경우 반응열은 (-), 엔탈피는 (+)이다. 엔탈피 값은 온도와 압력에 영향을 받으므로 열화학 반응식을 표시할 경우 반응 온도와 압력을 표시해야 한다. 일반적으로 온도와 압력의 반응 조건이 주어지지 않으면 표준상태인 25°C, 1기압으로 간주한다. 표준 상태에서의 엔탈피의 변화는 ΔHo로 표시한다. 물질이 가지는 에너지는 물질의 상태에 따라서 달라지므로 열화학 반응식을 표시할 때 물질의 상태를 표시해야 한다.

열화학 반응식에서 나타낸 계수의 비는 몰수의 비를 의미한다. 엔탈피의 성질은 크기이다. 즉 화학 반응식의 계수가 변하면 엔탈피 값도 변한다.[18]

커피를 볶는 과정에서 흡열 반응과 발열 반응이 작용한다는 것은 커피 로스팅에 관련된 책에 일반적으로 소개 되어 있다. 구체적으로 이 반응은 화학반응에서 결합이 끊어질 때는 에너지를 흡수하고, 결합이 생성될 때는 에너지를 방출하는 현상을 말한다. 커피는 수분을 날릴 때 충분한 열을 흡수한다. 이 보다 더 흡열반응이 활발할 때는 캐러멜, 메일라드 반응을 할 때이다. 이는 축합 반응과 구체적인 향을 만들기 위한 전구체를 만들기 위해서이다. 발열반응은 전구체에서 향 분자들이 결합하는 과정에서 발생된다. 볶는 단계의 마지막으로 갈수록 발열과 흡열이 반복되어지기도 한다. 커피를 볶을 때 흡열과 발열이 1번씩만 일어나기 보다 화학반응에 의해 반복적으로 일어나기도 한다.

---

18) [네이버 지식백과] 물질의 변화와 엔탈피 (통합논술 개념어 사전, 2007. 12. 15., 청서출판)

상변화

모든 물질은 변화한다. 이 물질은 세 가지 상^{phase}으로 고체, 액체, 기체이며 이런 다른 상태로 변하는 것을 '상변화'라고 한다. 상변화의 예는 얼음 ^{고체}이 녹아 물^{액체}이 되는 것이다. 다른 많은 물질도 얼음처럼 녹는다. 각 상태의 차이는 물질 안에 원자나 분자가 채워져 있는 방식으로 설명할 수 있다.

고체의 경우 분자나 원자가 가득히 들어차 있다. 액체에서는 분자들이 좀 더 자유롭고, 기체는 입자들이 넓게 퍼져 있어 경계가 명확하지 않다.

어떤 물질이 녹는 온도 $^{고체에서\ 액체로\ 변하는\ 온도}$와 끓는 온도 $^{액체에서\ 기체로\ 변하는\ 온도}$는 원자들과 분자들 사이에 작용하는 결합력에 있다. 결합이 강할수록 더 많은 에너지가 필요하며, 물질이 한 상에서 다른 상으로 변하는 온도가 더 높아진다. 이러한 변화가 일어나는 동안 즉, 물질의 상변화를 완료하는 데 열이 필요한 것이다. 고체와 액체 혼합물의 온도는 고체가 완전히 녹기 전까지 일정하게 유지한다. 이런 이유로 물이 센 불 위에서 끓는 동안의 온도는 액상의 물이 수증기로 변하기 전까지 일정하게 유지되는 것이다.

고체

고체상의 구조는 움직이지 못하는 원자와 분자들이 일정한 구조 속에 밀집되어 있고 단단한 결합을 한 상태이다. 소금, 설탕 등과 같은 결정체의 고체는 입자들이 규칙적이고 반복적으로 배열되어 있는 반면, 끓여 만든 사탕과 유리 같은 무정형의 고체들은 입자들이 자유롭게 배열되어 있다. 단백질과 전분 같은 크고 불규칙한 분자들은 한 덩어리의 물질 속에서 조직화된 결정체 구역과 무질서한 무정형 구역이 동시에 존재하기도 한다.

액체

  고체 물질들은 일정한 온도가 되면 그 물질 속의 개별 분자들이 자전과 진동이 강력해지고 고정된 구조가 파괴되면서 분자들은 자유롭게 돌아다닐 수 있게 된다. 그러나 결합된 기존 힘의 영향을 받고 있어 움직임은 천천히 진행되며, 느슨한 상태를 유지한다. 이러한 상태의 응집력을 '액체'의 상이라고 한다.

기체

  온도가 계속 올라가면서 분자들이 서로의 영향에서 벗어나 공기 속으로 날아갈 수 있는 상태를 '기체'라 한다. 이러한 현상에서 액체상의 물질과 전혀 다른 종류의 유체가 되면서 큰 운동에너지를 가지게 된다. 끓는 물이 액체상에서 기체상으로 변하는 예이다. 물이 끓는 동안 수증기가 발생하는데 이는 점진적으로 일어나며 이는 눈에 분명하게 보이지 않지만, 끓는점 아래에서도 물은 증발한다. 액체 상태인 물 분자들은 다양한 크기의 운동에너지로 움직이며, 상온에서도 일부는 표면에서 대기 속으로 날아갈 수 있을 만큼 빠르다.

  물 분자들은 고체인 얼음에서도 기체가 되어 탈출할 수 있다. 고체에서 기체로의 이러한 직접적인 변신을 '승화 sublimation' 라고 한다. 이것은 음식의 질 저하가 발생하는 원인이 되기도 하는데 이를 '냉동 화상 freezer burn' 이라고 한다. 냉동상은 결정질의 물이 냉동실의 낮은 온도와 건조한 공기 속으로 증발함으로써 발생한다. 이러한 과정은 냉동 건조에 이용된다.

커피를 볶는 과정은 열을 가하면서 이뤄지는데 눈에 띄는 상변화는 일어나지 않는다. 대신 열에 의해 반응을 일으켜 다른 분자를 만든다. 커피에 함유되어 있는 물질 분자들은 많은 수의 분자들이 약하게 결합되어 있으나 서로가 강하게 묶여 있는 상태이다. 열을 활용하여 볶는 과정에서 에너지를 주입함으로써 약한 분자들의 결합을 끊는 것이다. 끊어진 분자들은 녹거나 증발하지 않고 변형된다. 물론 일부 열분해로 인한 물분자나 이산화탄소, 일산화탄소는 휘발도 한다.

커피에 함유되어 있는 당은 고체에서 액체로 변화하지만, 기화되지 않으며 분자간의 결합이 분리되어 수백 개의 새로운 화합물들이 형성된다. 이 과정은 '캐러멜화'라고 부르는 과정으로 당을 함유하는 음식재료에서 일어나는 반응이다. 캐러멜화 과정은 마이야르반응에서 설명하였다.

잠열

잠열은 숨은열을 의미하는 것으로 어떤 물체가 온도의 변화 없이 상변화할 때 열을 방출하거나 흡수되는 열을 말한다. 얼음에 열을 가하여 물로 상태 변화할 때 용융열와 물을 끓여 수증기화 기화열 될 때 잠열이 사용된다. 얼음 1kg당 80kcal의 융해열을 흡수하고 물이 기화하는데 사용되는 잠열은 얼음 1kg당 539kcal 의 기화열을 흡수한다.

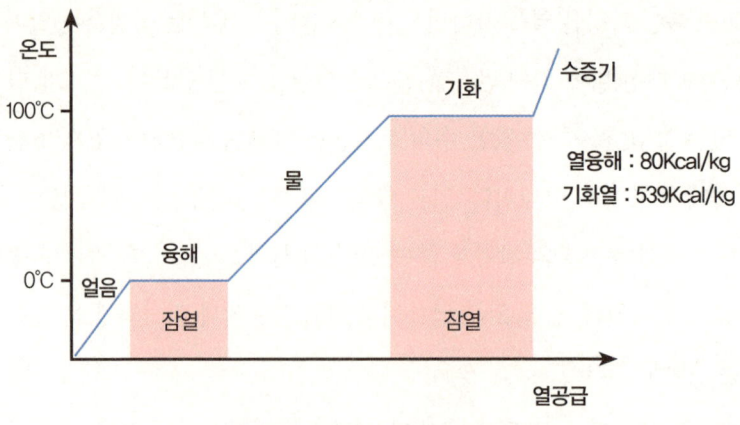

얼음에서 수증기까지의 잠열 활용

　커피를 볶을 때 수분이 증발하는 시점에 커피콩의 온도는 화력을 추가 주입하지 않으면 온도게이지는 이 전의 단계보다 천천히 증가하거나 정지하는 것처럼 보여 지기도 한다. 이것은 커피 내부의 수분이 기화하기 위한 열을 흡수하기 때문이다. 이 시점에서 화력을 낮추거나 드럼의 온도가 콩의 온도보다 낮으면 수분 날리기를 멈추게 되어 좋은 결과물이 나올 수 없으므로 주의하여야 한다.

화합물

　생활 속에서 사용하는 물건들은 대부분 화합물이다. 화합물은 둘 이상의 원소로 이루어지고 각 원소의 원자들이 다른 원자들과 화학 결합을 하는 것을 말한다. 각기 다른 원소의 원자들을 섞어놓은 것을 혼합물이라고 한다. 산소처럼 원소의 원자는 자신과 같은 원소의 원자들과 결합할 수도 있다. 산소 분자 O_2는 2개의 산소 원자가 결합한 것이지만 혼합물은 아니다. 왜냐하면 단 한 종류의 원소만을 포함하고 있기 때문이다. 물 H_2O은 화합물이며 분자인데 이는 수소와 산소라는 두 가지 원소를 포함하고 있고 둘 이상의 원자로 이루어져 있기 때문이다.

모든 분자는 하나 이상의 원자를 포함한다. 화합물 안에 화합물을 포함하기도 한다. 기본 단위의 화합물들이 반복해서 연결되는 구조를 폴리머 또는 중합체라고 한다.

세상에는 수많은 화합물이 있다. 2005년 스위스의 과학자들이 탄소나 질소나 산소나 염소 원자를 포함한 안정적인 화합물의 수는 거의 140억 개에 가깝다고 했다. 140억 개의 화합물에 사용한 원자 수는 11개에 불과하다.

결합력

원자들의 결합은 음전하를 띤 전자의 분포에 의해 결정된다. 각 원자가 전자를 잃거나 얻는 공유 방식으로 화합물의 종류가 결정된다.

화학 결합에 핵심적인 열쇠는 에너지다. 음식 조리에서 에너지는 대부분 체계적인 반응으로 어떤 화학적 결합을 파괴하고 새로운 결합을 형성하기 때문에 결합의 세기라는 개념은 상당히 유용하다. 화학 결합에는 세 종류가 있다. 공유결합, 이온결합, 금속결합이 있다. 공유결합은 전자들을 같은 분자에 속한 원자들 사이에만 공유하는 것이다. 공유결합 형태의 분자는 이산화탄소나 물, 암모니아 등이다. 다음은 이온결합으로 '반대 극끼리 서로 당긴다'

는 원리이다. 소금, 즉 염화나트륨이 바로 그 예인데 이온결합은 전자를 주거나 받아서 전하를 띠게 된 원자 ^{이온}가 서로 반대 전하의 이온과 결합하는 것이다. 마지막으로 금속결합은 반대 전하의 원자를 끌어당긴다는 원리는 같지만, 여분의 전자를 여러 원자가 공동으로 소유한다. 이를테면 음전하를 띤 전자가 떠다니다가 양전하를 띤 금속 이온 중 하나에 결합했다가 다시 분해되어 돌아다니는 것이다.

화학반응

   화학반응은 넓게 두 가지 종류로 나눌 수 있다. 엄청나게 요란하고 주의를 끄는 폭발에 가까운 화학반응이 있고, 반대로 눈에 띠지 않게 조용히 진행되는 화학 반응이 있다. 커피를 볶는 과정에서 화학반응은 대부분 눈에 띠지 않는 반응이다.
   실생활에서 흔히 볼 수 있는 화학반응은 산화반응이다. 철, 물, 공기 중의 산소가 반응해서 산화철 ^{적갈색 녹}이 생성되는 화학 반응으로 못이 천천히 녹이 슬어가는 현상인 것이다. 껍질을 깎은 사과의 색 변화도 산화 반응이다. 사람이 늙는 것도 이에 속한다. 반면 느리게 진행되는 것으로는 식물의 광합성 반응이다. 식물은 조용히 햇빛을 모아서 그 에너지를 이용해서 이산화탄소와 물 원자들을 재배열해 당과 산소를 생성한다. 광합성은 식물이 오랫동안 진화시켜온 훨씬 복잡한 연쇄반응이다. 광합성으로 만들어진 당은 식물의 생명을 유지하는 연료로 쓰이고 또 다른 생산물인 산소는 공기 중으로 배출된다. 지구의 모든 생명의 핵심이 되는 화학 반응이다. 이와 같은 화학반응은 우리가 쉽게 접할 수 있기 때문에 이해하기 어렵지 않다. 알고 나면 보이지 않는 반응도 쉽게 느껴진다.

크든 작든, 번쩍거리며 폭발하든, 느릿느릿 진행되든 모든 화학 반응은 애초의 반응물질의 원자배열이 새로운 배열로 변화되는 과정이다. 다양한 원소의 원자들이 분리되었다가 다른 형태로 다시 결합된다. 그 결과 새로운 화합물이 형성된다. 커피에서의 화학반응은 열분해를 통해 결과물이 만들어지는 것이다. 커피는 당과 아미노산에 열 주입 속도와 온도에 의해 원자들의 배열에 따라 향이 약간씩 달라질 수 있다.

평형

화학 반응은 한 방향으로만 진행되기도 하고, 끊임없이 양쪽 방향으로 이동하기도 한다. 이런 반응에서 특정 상태를 유지하도록 하는 것이 평형이다.

병의 물을 잔에 따랐다가 다시 병으로 되돌려 넣는 화학 반응은 가역 반응이다. 화학에서는 이런 상황을 평형이라고 한다. 이 평형이 화학 반응에서 반응물과 생성물의 비율을 결정한다. 병에 들어 있는 물을 반응물로, 잔에 따른 물을 생성물로 한다면, 누군가가 잔에 따른 물을 마셔버리면 병에 있는 물을 잔에 또 따를 것이다. 즉 반응물에서 생성물로 가는 흐름을 조절하는 것이 평형이다. 가역 반응은 반대 방향으로도 진행될 수 있고 평형상태라는 것이 반응물과 생성물의 양이 같아야 되는 것은 아니다.

화학 시스템은 중간 지점이 존재하고 이 지점에 이르면 순방향 반응과 역방향 반응의 속도가 같아져서 정상상태에 이른다. 이런 평형의 원리가 적용되는 간단한 반응으로는 수소 양이온 $^{H+}$을 주고받는 약산 반응이나 물 분자가 H+ 와 OH- 이온으로 분리되는 것과 같은 예이다. 물의 경우 이온 분리된 상태보다 물 분자 상태 쪽이 평형에 더 가깝다. 이것은 어떤 일이 일어나더라도 바로 평형 원리가 개입되어 대부분의 물이 H_2O 분자 상태로 존재하도록 하는 것이다.

저자체험담
커피를 핑계로 지식의 확대

인간은 태어나서 자라면서 혹은 죽기 전까지 누구나 무엇이든지 경험을 한다. 그러나 경험은 인지 과정에 따라 발전가능성도 달라질 수 있다. 그냥 '와! 좋다' 라던가, '아! 그렇구나'가 아니라 '오! 이런 것이 있었다고?'라는 경험 말이다. 같은 경험을 하더라도 반복해서 하면 내가 무엇을 알고 무엇을 모르는 지 알 수 있다. 이러한 경험을 하면 아는 것은 다시 각인하고 모르는 것은 기억 속으로 저장을 하면 된다. 처음 로스팅을 접했을 때는 아무것도 몰랐다. 아니 무슨 말인지 못 알아들었다. 당시 로스팅 관련 책만 보았더라도 궁금증도 해결하면서 단어 정도는 들을 만 했을 것이다. 그래도 해보겠다고 열심히 했다. 처음에 들은 단어들은 기억 어디에도 없어 마치 처음 보는 단어처럼 느꼈고 기억에 넣기 시작하였다. 몇 년이 지난 후에 예전의 노트는 나의 입가에 미소를 만들어주었다. 이미 사라진 뇌 속의 기억들이었던 것이다.

나에게 커피 로스팅은 책과 경험을 통해 예전의 밥하기, 불고기 볶기, 갈비 만들기 등의 조리 경험과 연관된다는 것을 인식하였고, 커피를 식품의 일부로 공부를 시작하였다. 실제 경험으로 기술을 발전시킬 수 있지만 과학 탐구를 통한 학문과 결합될 때 기술 습득은 더욱 빠르게 진행된다. 경험을 통하여 사람들은 발전한다. 과거를 돌이켜보면 스스로 발전하였다는 것을 알 수 있다. 그러나 당시에는 내가 무엇을 모른다는 것을 알 수가 없고 내가 얼마만큼 알고 있는지도 모른다. 나보다 몇 단계 기술이 좋은 사람이 하는 말을 못 알아들으면 분명히 나는 모르는 것이다. 이것은 학습을 통해 알거나 혹은 경험을 함으로써 습득이 되는 것이기 때문이다. 갈 길이 아직 멀다. 그래도 나에게 외치고 싶은 말은 이것이다. '이제 시작이니 열심히 하자.'

3막 로스팅으로 만들어진 향기 물질의 모든 것

1. 작용기

   화합물을 계열별로 분류가 가능하도록 만들어 주는 구조적인 특징을 작용기라 한다. 작용기 functional group는 각 분자에서 생기는 특성적인 화학적 거동을 지니고 있는 원자들의 집단이다. 모든 유기 분자의 화학은 크기나 복잡성에 무관하게 그 분자들이 가지고 있는 작용기에 의해 결정된다.[19]

   몇 가지 작용기들은 단지 탄소-탄소 이중 결합 또는 삼중 결합만을 가지고 있으며, 어느 것은 할로겐 원자, 또 다른 것들은 산소, 질소 또는 황 등을 포함하고 있다.

탄소–탄소 다중 결합을 가지고 있는 작용기

   알켄, 알카인 및 아렌 방향족 화합물은 모두 탄소-탄소 다중 결합을 포함하고 있다. 알켄 Alkene은 이중 결합을 가지고 있고, 알카인 Alkyne은 삼중 결합, 그리고 아렌 arene은 탄소 원자의 육원자-고리에 이중 결합과 단일 결합을 교대로 가지고 있다. 이들은 그들의 구조적인 유사성 때문에 또한 화학적인 유사성도 가지게 된다.[20]

---

19) 맥머리의 유기화학, 사이플러스 p85
20) 맥머리의 유기화학, 사이플러스 p86

탄소와 전기 음성적인 원자가 단일 결합을 이루고 있는 작용기

할로겐화 알킬 Alkyl halide 또는 halogenalkyl, 알코올 alcohol, 에테르 ether, 아민 amine, 티올 thiol, 설파이드 sulfide 및 이황화물 disulfide 등은 모두 탄소 원자와 전기음성적인 원자인 할로겐, 질소 또는 황과 단일 결합으로 연결되어 있다. 할로겐화 알킬은 할로겐 -X과 결합된 탄소 원자를 가지고 있고, 알코올은 하이드록시기 hydroxyl group, -OH의 산소와 결합된 탄소를 가지고 있고, 에테르는 동일한 탄소에 결합된 두 개의 탄소 원자를 가지고 있으며, 유기인산염 organophosphate은 인산엽기 -OPO32-의 산소에 결합된 탄소 원자를 가지고 있다. 아민은 질소에 결합된 탄소 원자를 가지고 있고, 티올은 –SH 기에 결합된 탄소 원자를, 설파이드는 동일한 황 원자에 결합된 두 개의 탄소 원자를, 그리고 이황화물은 서로 연결된 두 개의 황과 결합된 탄소 원자를 가지고 있다. 모든 경우에 있어서, 결합은 탄소 원자가 부분적인 양전하 $\delta+$를 가지며, 전기음성적인 원자들이 부분적인 음전하 $\delta-$를 갖는 극성이다.

탄소–산소 이중 결합(카보닐기)을 가지고 있는 작용기

카보닐기 carbonyl group, C=O는 대부분의 유기 화합물과 특히 모든 생물학적인 분자에 존재한다. 이들 화합물들은 여러 가지 관점에서 비슷하게 거동하지만, 카보닐기 탄소에 결합된 원자들의 특성에 따라 다르다. 알데하이드 Aldehyde는 C=O 기에 결합된 적어도 한 개의 수소를 가지고 있고, 케톤 ketone은 C=O기에 결합된 한 개의 –OH 기를 가지고 있다. 에스터 esther에는 C=O기에 결합된 에테르-유사한 산소를 가지고 있으며, 티오에스터 thioester는 C=O기에 결합된 설파이드-유사한 황을 가지고 있다. 아마이드 amide는 C=O 기에 결합된 아민-유사한 질소를 가지고 있고, 산염화물 acid chloride에는 C=O기에 결합된 염소를 가지고 있다. 카보닐 탄소 원자는 부분적인 양전하 $\delta+$를 가지며, 산소는 부분적인 음전하 $\delta-$를 가진다.

대표적인 작용기의 특성

에스테르 -COO-: 과일향기의 주성분, 분자량 커지면 과일향에서 꽃향기로 벤젠핵을 가지면 꽃향기 강해짐(과일, 양조식품, 낙농제품, 기호식품)

락톤: OH기와 COOH 기가 탈수되어 생긴 분자 내 에스테르로 주로 과일의 감미로운 향기 성분

히드록시기 -OH, 알코올류: 탄소수 5개 이하, 채소, 과일, 청주 등의 향기 성분
                     불포화결합- 어린 잎의 풋내성분
                     방향족 알코올- 꽃향기
                     이중결합- 향기 강
                     삼중결합- 향기 나빠짐

알데히드(-CHO)와 케톤(C=O)류: 미량으로 방향을 내는 성분
식품의 가열 향기 중 각종 알데히드, 방향족 알데히드 >> 강한 향
케톤기 2개의 디아세틸, 아세토인 등 >> 버터, 발효된 유제품의 향기성분

지방산: 초산(아세트산)같은 저분자는 자극성의 산취

        저급 지방산인 프로피온산, 부티르산, 카프로산

        >>우유 버터, 치즈의 주요 냄새성분

        분자량이 커지면 비휘발성이 되어 향기 감소

테르펜류: 이소프렌의 중합체인 테르펜유 및 그 유도체를 주성분으로 하는 화합물

        식물체를 수증기 증류할 때 얻어지는 방향성의 유상 물질 >> 정유(oil)

        향기를 갖는 동시에 약간의 자극적인 맛을 지님(매운 맛 성분 포함)

함유황화합물: 채소류와 향신료의 매운맛 성분

        휘발성 황화합물 다량 존재시 악취,

        미량이면 음식물의 향기를 크게 상승

        밥 (미량의 황화수소(H_2S)) → 구수한 냄새의 원인

암모니아와 아민류(질소화합물): 담수어의 비린내나 동물성 식품의 부패 냄새

푸란, 피라진류 및 복고리화합물: 참깨, 참기름, 커피, 보리차 등의 식품을 가열시킬 때 메일러드 반응에 의해 생성되는 냄새

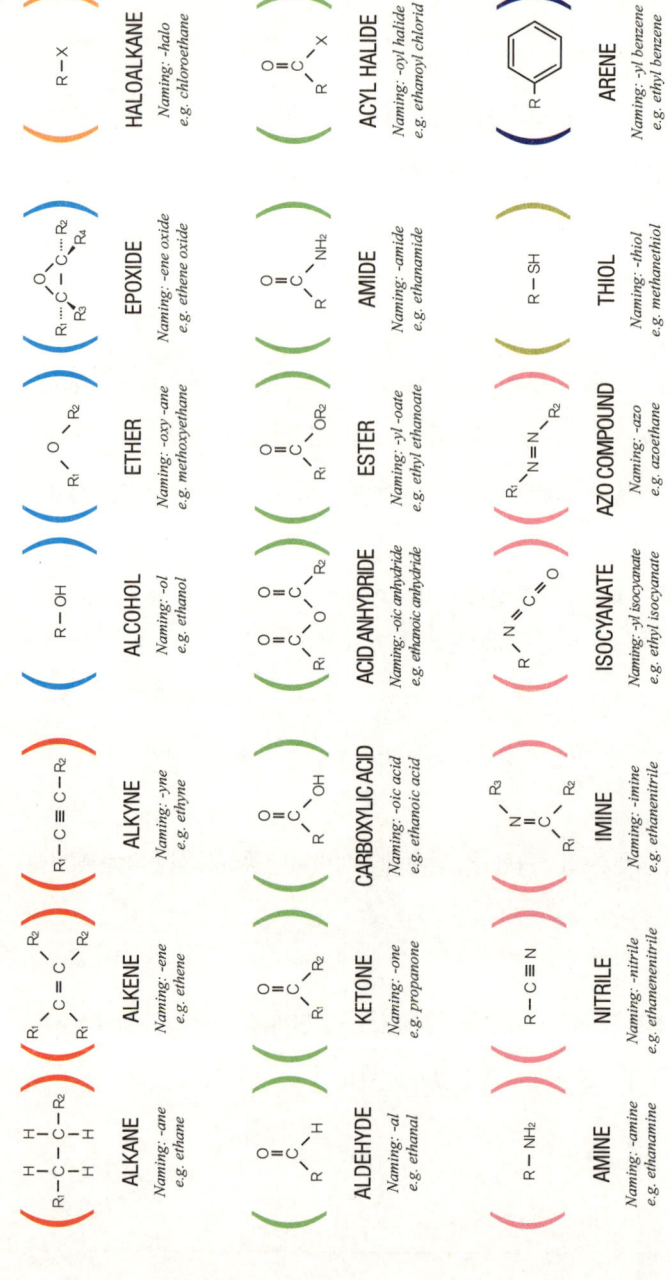

〈그림〉 대표적인 작용기 (출처: seehint.com)

헤테로화합물

고리 내에 함유되는 원자로서는 질소, 산소, 황, 인, 규소 등이 있으며, 이들 원자의 종류에 따라 질소헤테로고리화합물, 산소헤테로고리화합물 등으로 불린다. 예를 들면, 질소 원자를 함유하는 것으로는 피리딘·퀴놀린, 산소를 함유하는 것으로는 퓨란·피란, 황을 함유하는 것으로는 티오펜 등이 있다. 그러나 피리미딘이 질소 원자를 2개 가지는 것처럼 고리 안에 같은 종류의 원자를 2개 가진 것과 모르폴린이 질소원자와 산소원자를 가진 것처럼 2개의 다른 원자를 고리 안에 가진 것도 있다.

또 탄소만으로 이루어지는 고리모양화합물과 마찬가지로, 고리를 구성하는 원자의 수에 따라 3원자고리·4원자고리·5원자고리 등이라 하고, 방향족의 성질을 가진 것을 헤테로방향족화합물이라 한다. 헤테로고리화합물에는 알칼로이드 등 천연물 외에, 핵산염기(核酸鹽基)와 같이 생리적으로 중요한 물질이나 약리작용(藥理作用)을 가진 물질 등 중요한 것이 많다.[21]

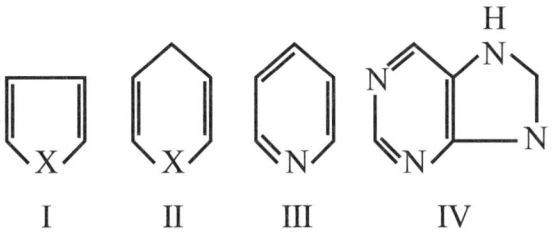

〈그림〉 헤테로고리 화합물(출처: 네이버 지식백과)

---

21) [네이버 지식백과] 헤테로고리화합물 [heterocyclic compound, －化合物] (두산백과)

2. 로스팅 향미

로스팅의 향미 flavor가 만들어내는 휘발성 화합물질은 그린커피의 비휘발성 물질인 전구체로부터 나온다. 그린 커피의 비휘발성 화합물질은 커피를 볶는 과정에서 커피 향미를 조성하는 중요한 요소이다. 비휘발성 화합 물질은 탄수화물, 단백질, 지질, 페놀산, 트리고넬린, 비휘발산 등이다.

클로로겐산류 CGAs는 아스트린젠트라는 맛에 영향을 주는 중요한 요소(특히 카페산의 디에스터)이지만 농도가 너무 높으면 불쾌해질 수 있다 Ohiokpehai et al., 1983. Clifford의 연구그룹은 CGAs 의 관능 특성에 관한 연구 중 가장 풍부한 5-CQA caffeoylquinic acid에서 발견되어진 쓴맛의 역치 값은 증류수의 50 ppm이라고 하였다. 500 ppm에서 메탈릭 노트가 나타났고, 1 g/L 1000 ppm의 신맛과 다른 노트들을 발견하였다. 3-CQA 도 5-CQA 의 비슷한 쓴맛의 역치를 발견하였다 Kellard et al., 1988. [22]

로스팅시, 여러 아라비카 커피에서 혼합 디에스터는 완벽하게 사라지고 diCQA 량은 감소하고 일부 소멸되고 로부스타는 diCQA가 5-8%가 남는다. Flament의 보고에 의하면, 3-CQA, 4-CQA 그리고 4-FQA feruloylquinic acid가 증가하는 반면, 5-CQA와 5-FQA는 대부분 혹은 약간 감소된다고 하였다.

---

22) Flament, loc. cit. p27

CGA에 해당하는 락톤은 볶은 커피에서 발견되고 그린커피에서는 3-, 4-CQL^{caffeoylquinic lactones}이 존재하지 않는다. 3-CQL 은 4-isomer 보다 약간 더 많은데 ^{ratio 60:40}, 전체 평균 함량은 0.23% (d.b.)이다. 락톤류의 형성은 로스팅 중(약 로스팅 유기물 손실 약6%일 때를 중간 로스팅으로 간주 시)에 최대치에 도달한 후 분해된다. 가용성 커피에서 매우 낮은 함량이 발견되는데 이는 추출되어지는 과정에서 가수분해되는 것이라 추측된다.[23]

클로로겐산은 바디와 떫은맛과 관계있다. 자당은 색, 아로마, 쓴맛과 신맛에 영향을 주고 처음에 증가된 후 감소된다. 단백질은 안정적으로 유지되지만 점차 감소된다. 그러나 minor protein은 유리아미노산과 같은 높은 반응을 보여준다. 트리고넬린은 피리딘으로 생성되고 그 결과 불쾌한 향미를 나타낼 수 있다.[24]

카페인은 약간의 변화가 있지만 비슷하다. 유리지방산은 로스팅 1시간 후 다소 증가하였다.

커피의 향기 성분은 로스팅 과정에서 당분, 아미노산, 유기산 등이 갈변반응을 거치면서 만들어진다. 향 성분의 량은 중량의 0.5%미만의 700-2,500ppm 으로 매우 적은 양이지만 커피의 품질을 결정짓는다.

---

23) Flament, loc, cit, p28
24) Flament, loc, cit, p37

커피 성분 연구는 1800년대 초기 과학자들에 의해 표현되었고, 쓴맛물질과 향기물질을 언급하였다. 1850년경 커피성분의 일부를 확인하면서 커피향기 물질연구 시작으로 1956년까지는 커피의 향기성분이 수십 종류가 확인되었다. 1956년 가스크로마토그라피가 소개됨에 따라 1960년대부터 1970년대까지 현저한 발전하면서 커피 성분 연구도 발전하였다. 커피 향기성분은 17종류의 그룹으로 나뉜다. [25]

이제 각 그룹별로 알아보자.

(*표기를 영문으로 한 이유는 우리말보다 정확한 의미를 전달하기 위해서이며 각 그룹별로 선별된 종목을 나열하였다.)

1) Esters (에스테르류, 54종)

지방족, 방향족 monofunctional ester 는 과일 향미에는 풍부한 반면 볶은 커피는 소량 함유하고 있다. 예로서 커피 아로마에서 methyl formate와 methyl acetate는 에스테르로 확인되었다. 이들은 음료에서 향보다는 안 좋은 커피생두에서 생성된 이취 off-flavor에 관여하고 있다. 티올이나 페놀 같은 헤테로 고리링을 가지는 것과 ester 결합을 할 때 원래의 향미특성을 나타낼 수 있다.

---

25) Flament, Coffee Flavor Chemistry p69

대부분의 휘발성 에스테르는 1967-1969년에 확인되었다. 에스테르는 과일의 대사과정에 관련된다. 하지만 Furfuryl acetate는 예외로 캐러멜화에 의해서만 나타나는 furfuryl alcohol이다.

Stinking 그린커피가 잘 익은 그린커피보다 에스테르가 더 많이 존재한다. 가지 branched를 가진 불포화 에스테르는 가지를 가진 포화 에스테르보다 향의 역치가 높고, 이중결합의 위치와 구조는 향의 역치에 현저한 영향을 미친다.

Butyl acetate	R, G	acetic acid, butyl ester, butyl ethanoate	
		pear, banana, strawberry odor. ethereal-fruity, pungent, ripe/over-ripe fruits 역치: 66ppb	– 푸에르토리코 Rio 커피에서 발견
Ethyl 2-methylbutanoate	R, G	butanoic acid, 2-methyl-, ethyl ester, ethyl α-methylbutyrate	
		고농도: fruity, apricot off-flavor 저농도: fruity, ethereal, strawberry odor 역치: 0.006-0.1ppb	– stinking 그린커피에서 높은 농도 발견. – 건전과: 0.15-2.5ppb 농도, – 오염된 커피: 37.4ppb 농도
Ethyl 3-methylbutanoate	R, G	butanoic acid, 3-methyl-, ethyl ester, ethyl isopentanoate, ethyl isovalerate	
		Blueberry, fruity, woody, animal odor 역치: 0.6-0.01ppb	– 결점 그린커피에서 과발효 냄새. – 건전과: 2.3-13.3ppb 농도 – 결점과: 345ppb 높은 농도. – 그린커피의 관능적인 면에서 중요한 영향을 미치지만, 볶은 커피는 현저하게 감소하여 거의 없는 상태.

Methyl benzoate	R	benzoic acid, methyl ester	
		희석상태: sweet, berry-like, spicy, nutmeg-like Floral, jasmin, balsamic, fruity odor	– 볶은 커피향기에서 확인. – pleasant, 20ppm 이하

2) Aldehydes (알데하이드류, 44종)

휘발성 알데하이드류는 커피 아로마뿐만 아니라 발효된 홍차 또는 볶은 코코아 콩과 와인 부케에서 중요한 역할을 한다. PPO polyphenol oxidase에 의해 폴리페놀물질에서 퀴논이 형성되며, 형성된 퀴논에 의해 Streker 분해반응이 촉매된다. Leucine에서 3-methylbutanol 형성에 대한 여러 가지 폴리페놀 물질을 시험한 결과 4-methylcatechol 같은 o-diphenol과 chlorogenic acid는 아주 좋은 기질이었지만 gallic acid 는 3-methylbutanol가 거의 형성되지 않았다.

과산화물의 중간물질이 분해되어 불포화 지방산의 자동산화에 의한 여러 가지 알데하이드류와 케톤류가 형성된다. 아라비카커피는 총지질이 13%, 로부스타커피는 10%를 함유하며 총지질의 약 50%는 linoleic acid $^{C18:2}$이다

Linoleic acid와 methyl linoleate의 자동산화에 의해 형성된 휘발성 향기성분에서 포화 pentanal과 hezanal부터 모노불포화 알데하이드와 diunsaturated decadienal 까지 범위에서 주로 알데하이드를 확인하였다. 알데하이드는 산소를 함유하는 공기 중에서 볶은 커피의 staling 에 관여하고 있다. 볶은 커피에서의 stale의 냄새는 실온에서 7주 저장 후 헥사날의 발생과 관련이 있다.

헥사날이 지질복합물의 자동산화로 증가하는 것인지 볶은 제품의 휘발성 성분으로 증가하는 것인지는 아직 명확하지 않다.

식물에 의한 휘발성 향기성분의 물리적 흡수의 연구에서 propanol, hezanal, acrolein 같은 방향성 알데하이드는 몇몇 아미노산 특히 cystein(thiazolidice carboxylic acid를 형성함), 다른 아미노산류, glutathione과 urea 등과 화학적으로 반응한다. 대부분의 경우 특히, 커피음료를 추출할 때 뜨거운 물 사용으로 인하여 갇혀있던 알데하이드가 방출된다.

포화 알데하이드 향기의 역치는 C3에서 C12로 감소한다고 1958년 보고하였으며 1988년에는 C6에서 C8과 C9로 향의 역치가 감소하고 불포화 알데하이드의 역치는 더욱 낮았다고 보고하였다.

hezanal, 2-nonenal류, 2,6-nonadienal, 2,4-decadienal류는 볶은 커피 향에 있어 중요한 성분이다. 1990년 아세트알데하이드를 커피분말과 커피추출음료의 향기 성분으로 포함시켰다. 2-methylpropanal, 2-methylbutanal, 3-methylbutanal 등은 아로마를 강화시키는 Streker 알데하이드이다. 1963년 커피 아로마의 50.7%는 알데하이드류로 구성되며 이 중 50%가 아세트알데하이드로 되어있다.

알데하이드성 기능을 가진 다른 화합물들은 페놀류, 퓨란류, 티오펜류, pyrroles, 황화합물이다.

포화 알데하이드 (15종)

Formaldehyde R – CHO	R	methanal, formic aldehyde, formal, methylaldehyde
		휘발성이 매우 강하다. 세린의 분해로 포름알데하이드와 글리신이 생성된다.
Acetaldehyde	R, G	ethanal, acetic aldehyde, ethylaldehyde
		Pungent, ethereal, nauseating odor, 희석하면 커피나 와인같은 냄새. Pungent, fruity, malt, greenhouse, caramel(100℃), burnt sugar(180℃), sour, green, sweet odor, 역치: 0.12ppm/water, 0.005-0.12mg/㎥ Air
		– 볶음이 너무 강하게 되면 함량은 급격하게 증가하여 27ppm에서 124ppm으로 된다. – Staling 으로 소량 감소 – 그린커피 휘발성분 함량: 1.6-5ppm 농도 – 볶음 온도 200-220℃에서 45-75ppm으로 증가. – 커피 아로마의 26.4%를 구성. -아세트알데하이드는 알라닌의 열분해와 알라닌과 PPO의 반응으로 형성되지만 커피에서는 당류의 열분해로 형성된다.
		Green, ethereal, fresh, fruity flavor, 역치: 22ppb 맛의 역치: 1.3ppm
Propanal	R, G	propionaldehyde, propanal, propionic aldehyde, propylaldehyde, methylacetaldehyde
		Penetrating, suffocating, choking odor, 역치: 10ppb/water Fresh, green flavor. 역치: 0.17ppm/water	– 그린커피의 휘발성분에서 0.05-0.4ppm 농도, -볶은 커피에서 6-11ppm 농도 – 커피 아로마의 8.9% 차지 – 당류의 열분해로 형성

Butanal	R, G	butyaldehyde, butanal, butyric aldehyde, butylaldehyde	
		Penetrating, pungent-irritating, burnt, green, nsaty odor. 약한 농도로 희석: fruity, banana-like, green-fresh odor, 역치: 0.013-0.042mg/㎥ Air, 9-37.3ppb/water Fatty, dairy, green, cocoa, fermented flavor. 역치: 5.3ppb/water이다.	- 그린커피의 향기성분에서 0.02-0.07ppm 농도, - 볶은 커피에서 0.3-1ppm 농도 - 저장 중 함량 감소 - 노르발린(norvaline)의 열분해로 형성된다.
Pentanal	R, G	valeraldehyde, valerianic aldehyde, amyl aldehyde	
		powerful, diffusive, penetrating, acrid-pungent, cough-provoking odor 저농도: dry-fruity, musty, nut-like 역치: 12-70ppb/water	- 건전과에서 발견
hexanal	R, G	caproic aldehyde, caproaldehyde, capronaldehyde, caproylaldehyde	
		Powerful, penetrating, fatty-green, grassy odor, 저농도: freshly cut grass, unripe fruit(apple, plum), 고농도: rancid butter odor, 역치: 65-98㎍/㎥ air, 4.5-9.2ppb/water. Leafy, green, fatty, fruity flavor. 역치: 5-30ppb/water 이다.	- 볶음 후에는 함량이 감소. - 지질 산화에 의해 부분적으로 형성 - 공기 중에서 커피의 staling 에 관련되어 있다. - Rio 커피에서 헥사날의 증가는 곰팡이가 대량 번식한 후 커피콩의 세포막이 손상되며, 지질 성분은 더 쉽게 산화되어 나타난다.

Heptanal	R, G	heptylaldehyde, enanthal, enanthic aldehyde	
		Powerful, diffusive oily-fatty, rancid odor, 고농도: penetrating, pungent odor 저농도: fruity, fermented fruit-like 역치: 3-31ppb/water 이다.	그린커피에서 0.104ppm 농도를 확인하였다.
Octanal	R, G	octanoic aldehyde, capryl aldehyde	
		Green fatty, orange, juicy flavor, 역치: 5.8-13.6μg/m³ air	
Nonanal	G	nonanoic aldehyde, nonylaldehyde, pelargonaldehyde	
		strong, soap-like, metallic odor. 역치: 1-4.5 ppb/water, 5.2-12.1μg/m³ air	건전과에서 발견됨. 그린커피에서 75ppb 농도
Decanal	G	decaldehyde, capric aldehyde, caprinaldehyde, caprinic aldehyde, capraldehyde	
		Odor 역치는 0.1-1.97ppb/water, flavor 역치는 3.2-7ppb 이다.	그린커피에서 45ppm 농도로 발견됨.

		propanal, 2-methyl-, isobutyraldehyde, 2-mehtylpropanal	
Isobutanal $\text{CH}_3\text{CH(CH}_3\text{)CHO}$	R, G	고농도: unpleasant, sour, pungent, penetrating odor, 역치: 0.015-0.14mg/㎥ air 저농도: pleasant, fruity, malty, banana-like, overripe-fruit-like(사과) odor, 역치: 0.002-0.004mg/㎥ air, 0.9-10ppb/water Fermented, green, chocolate, cereal flavor 100℃: green, harsh, grain, baked potatoes, rye bread odor 180℃: penetrating chocolate	– 그린커피: 0.2-1.2ppm, – 볶은 콩: 15-20ppm, – 커피음료는 0.47ppm 농도 – 분쇄한 커피에서 농도가 증가. – 함량의 증가는 볶음에 의해 증가되며 볶음 시간이 지연되면 감소한다. – 아미노산인 alanine, valine, leucine 의 열분해로 형성되며 PPO에 의해 valine에서도 형성된다 – Brew 커피의 핵심적인 향기 성분이다.
2-methylbutanal $\text{CH}_3\text{CH}_2\text{CH(CH}_3\text{)CHO}$	R, G	butanal, 2-methyl-, 2-mehtylbutyraldehyde, methylethylacetaldehyde, 2-formylbutane 고농도: powerful, choking odor 저농도: pleasnat fruity, fermented(볶은 코코아, 커피향과 비슷함) apple, malt odor, 역치: 0.9-1.3ppb/water 100℃: burnt, musty, fruity aromatic odor 180℃: burnt cheese odor 갓볶은 커피: fermented, pungent, fruity odor Chocolate-like flavor	– 원료 콩의 숙도가 증가하면 성분의 생성 감소. – 볶음 정도에 따라 감소하며 볶음 후에 더욱 중요하다. – Brew 커피의 핵심적인 향기 성분이다.

3-methylbutanal CHO	R, G	butanal, 3-methyl-, 3-methylbutyral-dehyde, isopentananal, isoamylalde-hyde, isovaleraldehyde	
		고농도: powerful, penetrating, acrid-pungent, cough-provoking odor, 저농도: fruity, pleasant, chocolate, burnt, canned beef, seaty odor, 역치: 2-4µg/m³ air, 0.12-7ppb/water 100℃: sweet, chocolate, toasted bready odor 180℃: burnt cheese odor Peach-like(10ppm 이하), malt, chocolate, slightly cheesy flavor 역치: 0.17ppm/water	– Stinking 그린커피와 건전과에서 발견됨(powerful acrid, rancid flavor) – 커피 생두의 휘발성 성분에서 0.2-2.0ppm , -볶은커피에서 2.0-4.0ppm, – 커피음료에서 0.073ppm 농도 – 커피아로마의 13.7%를 나타내며, 커피에서 중요한 휘발성 알데하이드이다. – 볶음 초기단계에서 증가하며 볶음 시간이 길어지면 감소한다. – 아미노산인 leucine의 열분해 및 leucine의 PPO 작용에 의해 형성된다. – Brew 커피의 핵심적인 향기 성분이다.

불포화 알데하이드 (21종)

2-propenal CHO	R	acrylaldehyde, prop-2-enal, acrylic aldehyde, alkyl aldehyde	
		Pungent, irritating, acrid odor	커피 아로마의 0.8%를 나타냄
2-hexenal CHO	G	(E)-, (E)-hex-2-enal, hexylenic aldehyde, leaf aldehyde	
		Green, fatty, fruity flavor, 역치: 24.2-49.3ppb/water	그린커피에서 20ppb 농도

2-heptenal	G	hept-2-enal, 3-butylacrolein	
		Green, fatty, apple-like flavor. 역치: 13ppb/water	건전과에서 확인하였음.
4-heptenal		(Z)-, (Z)-hept-4-enal	
		Fishy, sardine-like, rotten-fish, astringency flavor, 역치:0.4ppb/water	– 미숙 그린커피: 정상적인 커피생두의 10배 농도를 나타냄. – Linoleic acid의 자동 산화에 의해 형성.
2-octenal		oct-2-enal,	
		Fatty-nutty, fatty-fruity, green odor 역치: 3ppb/water, 0.9-2.5µg/㎥ air	Rio 그린커피의 off-flavor에서 확인. Linoleic acid 의 자동 산화와 메틸 에스테르에 의해 형성됨.
trans-2-nonenal	R, G	2-nonenal, (E)-, (E)-non-2-enal,	
		1ppb 농도: woody, cardboard-like off-flavor. 25℃ 8ppb/water에서 40ppb/water 로 농도가 단계적으로 증가하면 fatty 에서 unpleasant fatty 로 향이 변화된다. 60-70℃ 인스턴트커피의 1ppm 농도에서는 강한 오이향을 나타내며 8ppb/water에서 high woody 향이 40ppb/water 에서는 burnt, fatty, rancid 향으로 변화한다. 산미 상승제 효과. acid, sour, caramel, winey buttery 향의 balance 에 많은 영향을 미친다. linoleic acid의 자동산화와 linoleic acid 메틸 에스테르에 의해 형성된다. 역치는 0.5-1ppb/water. 0.5µg/㎥ air	– Rio 그린커피의 off-flavor 와 Santos 커피생두에서 발견됨. – 그린커피는 12ppb, – 중간 볶음 커피는 19ppb 농도 – 불포화 지방산에서 쉽게 형성 – linoleic aicd가 효소적으로 산화되고 분해되어 생성된다. – 불포화 지방족 알데하이드는 green 향의 특징을 나타낸다.

2-nonenal ~~~~CHO	R, G	(Z)-, (Z)-non-2-enal	
		고농도: powerful, diffusive, penetrating, fatty-orrisy odor. 저농도: orrisy-like, waxy, less fatty, slight green odor 역치: 0.08-0.23 $\mu g/m^3$ air Green, cucumber flavor	- 볶은커피에서 0.3ppb 농도 - Linoleic acid의 자동산화로 형성됨.
2,4-heptadienal ~~~~CHO	G	(2E,4E)-, (E,E)-hepta-2m4-dienal	
		Farry, woody, herbal flavor	콜롬비아 그린커피에서 발견됨
2,4-nonadienal ~~~~CHO		(2E,4E)-, (E,E0-nona-2,4-dienal, trans,trans-2,4-nonadienal	
		Fatty-soapy, strong geranium-like, metalic odor Oily, green, very fatty flavor	Rio 그린커피 및 콜롬비아 볶은 커피에서 발견됨
2,6-nonadienal ~~~~CHO		(2E, 6Z)-, (2E, 6Z)-nona-2,6-dienal; trans,cis-2,6-nonadienal, violet leaf aldehyde, cumcumber aldehyde	
		Powerful, diffusive, green-vegetable odor, 역치: 0.01ppb-0.1ppb/water 저농도: cucumber, violet-leaf odor. 역치: 0.6-1.6 $\mu g/m^3$ air 0.1%농도 이상: fatty, green odor Meaty, creal flavor	- 콜롬비아 그린커피에서 발견됨. - Methyl linolnate(C18:3)의 자동산화에 의해 형성된다.

Isobutenal (구조: CH2=C(CH3)-CHO)	R, G	2-propenal, 2-methyl-, 2-methylacrylaldehyde, 2-methylprop-2-enal, 2-methylenepropanal, methacrylaldehyde, α-methylacrolein, methacrolein	
		Diffusive, gassy, sweet dor 고농도: pungent, irritating odor 저농도: pleasant, herbaceous-balsamic, orange-like odor	아미노산인 serine의 열분해로 형성된다.
3-methyl-2-butenal (구조: (CH3)2C=CH-CHO)	R, G	2-butenal, 3-methyl-, 3-methylbut-2-enal, 3-methylcrotonaldehyde, 3,3-dimethylacrolein, senecialdehyde, prenal	
		불포화 알데하이드류는 어떠한 그린 커피에서는 old-crop off-flavor를 나타내기도 한다. Green, bitter almond, furfurylic odor	Brew. 커피의 핵심적인 향기성분이다.
2-methyl-2-pentenal (구조)	R	2-pentenal, 2-mehtyl-, 2-methylpent-2-enal, 2-methyl-2-pentenoic aldehyde, α-methyl-β-ethylacrolein	
		Powerful, diffusive, grassy-green, slightly fruity odor Green, fruity, cooked, cranberry, musty, sweet flavor	커피 아로마의 0.9%를 나타낸다.

방향성 알데하이드 (8종)

Glyoxal OHC - CHO	R	ethanedial, glyoxaldehyde, ethanedione, oxalaldehyde, biformal	
			갈변의 초기단계에서 당류의 분해물에서 형성된다.
Benzaldehyde 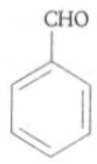	R, G	bezoic aldehyde, benzenecarboxaldehyde, phenylmethanal	
		Powerful sweet, 갓 분쇄한 bitter almond odor, 역치: 350ppm/water Burnt taste, 희석하면 sweet한 맛 Cheery, pistachio flavor, 역치: 1.5ppm/water	- Stinking 커피생두와 건전과에서 발견됨. - 콜롬비아 그린커피: 0.63ppm-1.26ppm, - 볶은 커피에서 0.7-1.1ppm 농도 - 볶음온도가 상승하면 소량 증가. - 아미노산인 phenylalanine에서 유도된 생성물이며 Maillard 반응에 의해 형성되는 것은 아니다.
Phenylacetaldehyde 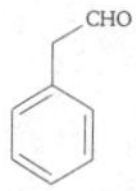	R, G	benzeneacetaldehyde, α-tolualdehyde, hyacinthin	
		Powerful, penetrating, pungent-green, floral, sweet hyacinth-type, lilac, rose, honey-like odor Green, floral, sweet, honey flavor, 역치는 4ppb/water	- Rio 커피생두에서 발견됨. 볶은 커피에서 1.5-2.0ppm, 커피생두에서 0.445ppm 농도 - 볶음 온도에 따라 증가 - PPO에 의해 아미노산인 phenylalanine에서 형성된다.

3) Ketones(케톤류, 91종)

케톤류는 휘발성 화합물의 중요한 부분을 구성하고 있으며, Merritt 등의 연구에 의하면 케톤류는 커피 아로마 구성성분의 21.5%이고 이 중 1/2이상은 2-butanone 이라고 보고하였다.

가열된 포도당에서 형성된 휘발성 화합물 중에서 12종의 지방족 케톤과 diketone 및 중요한 cyclotene을 커피에서 동정하였다. 과당의 염기성 촉매 분해로서 커피의 고리형 α-diketone 5종과 지방족 hydroxyketone 류가 확인되었다.

1998년 단당류와 이당류의 캐러멜화와 Maillard 반응에서 α-dicarbonyl 분해물 형성에 대한 연구가 이뤄졌다. 커피 볶음 조건하에서 sucrose와 함께 threonine과 serine의 반응연구에서 커피에서 형성되는 생성물과 비교하여 헤테로 고리화합물 일부분과 고리형 케톤류, diketone류 일부분을 동정하였다. 이들 중 일부분은 탄수화물의 열분해에 의해 생성되었다. 이러한 탄수화물의 열분해물은 페놀 및 지방족 화합물에 기인하며 sucrose의 분해에 관련되고 있다.

세린과 포도당의 열 반응에 관한 연구에서 8종의 카보닐화합물 모두 커피에 함유되어있다.

2-butanone	R, G	butan-2-one, ethyl methyl ketone	
		ethereal, slightly nauseating odor 역치는 50ppm.	커피 아로마 에센스이며 커피 아로마의 12.7%를 차지함. 포도당이 가열될 때 형성
2-pentanone	R, G	pentan-2-one, methyl propyl ketone	
		ethereal-fruity, pungent odor 지속성은 없다.	Rio 그린커피에서 확인 하였으며 볶음 시간에 따라 소량 증가한다.

Pentyl vinyl ketone	R, G	1-octen-3-one, oct-1-en-3-one, amyl vinyl ketone	
		Green, mushroom, earthy odor. 역치는 0.3-0.6μg/㎥ air	Methyl linoleate와 linoleic acid 의 자동산화에 의해 소량 형성된다.
β-damascenone	R, G	2-buten-1-one, 1-(2,6,6-trime-thyl-1,3-cyclohexadien-1-yl)-, (E)-, (E)-1-(2,6,6-trimethylcy-clohexa-1,3-dien-I-yl)but-2-en-I-one	
		Fruity-juicy, red-fruit, woody, sweet, tea-like, honey-like flavor 역치는 0.002-0.004μg/㎥ air 이성체는 saffron, pepper, rosy, fruity, sweet floral flavor	- 그린커피에는 0.3ppb 존재 - 볶은커피에는 225ppb 로 증가. - 카로티노이드의 가열에 의해 분해되어 형성되며 이 후 산화되어 이성체가 형성.
Acetoin	R, G	2-butanone, 3-hydroxy-, 3-hydroxybutan-2-one, 2-hydroxybutan-3-one, acetyl methyl carbinol, 2-butanol-3-one	
		creamy-fatty-buttery, quinone-like odor	- 커피 생두의 off-flavor와 Rio 커피에서 발견됨. -포도당이 가열될 때 형성되며
Diacetyl	R, G	2,3-butanedione, butane-2,3-dione, biacetyl, dimethyl diketone	
		고농도에서 pungent, buttery, quinone-like odor, 저농도에서 oily-buttery odor.아라비카 80%와 로부스타 20%의 혼합커피 음료에서 중요성분이다. 역치는 5.4-15ppb/water, 10-20μg/㎥ air	- 중간 볶음에서 11ppm 정도 존재하며 강한 볶음에서는 감소한다. - 그린커피: 0.07-0.3ppm, - 볶은 커피에서는 16-20ppm 정도 존재한다. -커피 아로마의 1.67%를 차지하며 stinking 커피에서 발견되었다. 아로마는 mild-buttery 향에서 burnt 또는 sulfurous 향으로 변화한다. - 포도당의 가열로 형성된다.

4) Lactones (락톤류, 16종)

포화 또는 불포화 지방족 γ-lactone은 주로 그린커피에서 강한 버터향, 살구, 복숭아, 코코넛 같은 과일 특성을 보인다. 불포화 γ-lactone은 더 강하게 볶은 특성으로 볶은 커피 향에서 나타나는데 나무연기, 담배냄새이다.

γ-quinide는 볶음 중에 형성된 quinic acid 의 락톤이며 볶은 커피에서 확인되었다. 락톤의 형성은 중간볶음에서 최고에 달하며 소량의 이성체는 규칙적으로 증가한다. 가열된 포도당의 휘발성 분획물에서 처음으로 불포화 락톤을 확인하였으며 Model 반응에서 커피 볶음과 유사한 조건에서 설탕과 serine, threonine의 반응으로 100종류 이상의 monocyclic furan 중 5종류를 확인하였다. 포화 지방산의 가열산화에 의한 γ-lactone과 δ-lactone 이 형성된다.

γ-nonalactone	G	2(3H)-furanone, dihydro-5-pentyl-, nonano-4-lactone, tetrahydro-5-pentylfuran-2-one, 1,4-nonanolide, 4-hydroxynonanoic acid lactone, amylbutyrolactone
		coconut, fruits, distilled beverage and wine, creamy, fatty-milky, dairy odor 역치는 30ppb이다. – 푸에르토리코 Rio커피와 건전과에서 확인하였다. – Linoleic acid에서 형성된다.
γ-lactone	G	2(3H)-furanone, 5-hexyl-dihydro-, decano-4-lactone, 5-hexyltetrahydrofuran-2-one, 4-decanolide, 4-hydroxydecanoic acid, 4-hexylbutyrolactone, γ-decalactone
		fruity, peach, apricot, fatty-sweet, coconut, milky odor. 역치는 0.09ppm이다. – 푸에르토리코 Rio커피에서 확인하였다.

5) Alcohols(알코올류, 49종)

여러 품종의 그린커피에서 메탄올의 비율은 아로마 화합물의 9-32%로 다양하게 함유되어 있고 에탄올은 2-36%로 함유되어 있다. 이들 중 2-2-phenylethanol과 3-methyl-1-butanol은 알코올 함량의 50% 이상을 나타내었다.

포화 알코올류(25종)

Methanol R - OH	R, G	methyl alcohol, carbinol
		Mild odor 역치는 8g/m³ Air (8ppm/air)
Ethanol	R, G	ethyl alcohol, methyl carbinol
		볶음 단계에서 ethyl, methyl 유도체를 형성하여 독특한 관능특성을 나타낸다. odor역치는 100-900ppm/water, flavor 역치는 53ppm/water
Propyl alcohol	G	1-propanol, propan-1-ol, n-propanol, 1-hydroxypropane
		Fruity, alcoholic note 역치는 9-40ppm/water

- 그린커피: 5-15ppm, - 볶은 커피에는 60-100ppm, - brewed 커피에는 0.83ppm 존재. - 커피 아로마의 2%를 차지함
- 커피생두에는 0.2-4ppm, - 볶은 커피에는 0.6-4ppm 존재. - 커피 아로마의 0.4%를 차지 볶음단계에서 빠르게 감소
건전한 그린커피와 stinking 그린커피에서 동일한 량으로 확인함

Butyl alcohol	R, G	1-butanol, butan-1-ol, n-propyl carbinol, 1-hydroxybutane	
		Alcoholic note 역치는 0.5ppm/water	건전한 그린커피와 stinking 커피생두, 푸에르토리코 Rio 커피, 멕시코 커피에서 확인
Penyl alcohol	R, G	1-pentanol, pentan-1-ol, amyl alcohol, n-butyl carbinol	
		Harsh, chemical, fusel oil, penetrating, nauseating, cough-provoking odor 역치는 0.5ppm/water	건전한 커피생두와 stinking 그린 커피에서 확인
Hexyl alcohol	R, G	1-hezanol, hezan-1-ol, penyl carbinol, acolhol C-6, caproic alcohol	
		Chemical, winey, slightly fatty and fruity, green odor. 역치는 0.5ppm/water	건전한 커피생두와 stinking 그린 커피에서 확인
Heptyl alcohol	G	1-heptanol, heptan-1-ol, 1-hydroxyheptane, enanthic alcohol	
		Green, fatty, dairy, lactonic flavor 역치는 2.4ppm/water	
Octyl alcohol	G	1-octanol, octan-1-ol, caprylic alcohol, capryl alcohol, 1-hydroxyheptane	
		green, fatty, coconut flavor 역치는 54-190ppb/water	

Isobutyl alcohol	R, G	1-propanol, 2-methyl, 2-methylpropan-1-ol, isobutanol, isopropyl carbinol	
		Unpleasant note, 역치는 3ppm/water	건전한 커피생두와 stinking 그린커피에서 확인
2-methylbutyl alcohol	R, G	1-butanol, 2-methyl-, 2-methylbutan-1-ol, sec-butyl-carbinol	
		Pleasant, earthy, musty, ethereal-fruity odor	건전한 그린커피에서 농도가 높고 stinking 그린커피에서는 농도가 낮다, – 커피에서 확인함. 볶음단계에서 빠르게 감소하며 과숙과가 나무에 매달려 있을 때 소량 발산된다.
Isopentyl alcohol	R, G	1-butanol, 3-methyl-, 3-methylbutan-1-ol, isopentanol, isoamyl alcohol	
		Choking, disagreeable cough provoking, alcoholic odor 저농도로 희석되면 pleasant, fruity-winey 역치는 0.25-0.77ppm/water	– 건전과와 stinking 그린커피에서 발견 – 과숙과가 나무에 매달려 있을 때 소량 발산된다. – 일반적인 식물 oil 성분이다.
2-ethylhexyl alcohol	G	1-hexanol, 2-ethyl-, 2-ethylhexan-1-ol	
		Fermented, yeast, fusel, ethereal flavor	
Isopropyl alcohol	R, G	2-propanol, propan-2-ol, isopropanol, sec-propyl alcohol, dimethyl carbinol	
		Alcoholic-ethereal, acetone-like odor	

2-heptanol	R, G	heptan-2-ol, sec-heptyl alcohol, amyl mrthyl carbinol, 2-hydroxyheptane	
		Fresh, lemon-like, sweet-floral, grassy-herbaceous, fruity-green odor, Green fatty, nutty, sweet flavor	푸에르토리코 Rio 커피에서 확인함
3-octanol	R, G	octan-3-ol,amyl ethyl carbinol	
		Sweet, powerful herbaceous, oily-nutty odor Fatty, cheesy, ketonic, mushroom flavor	
tert-butanol	R, G	20propanol,2-mrthyl-, 2-mrthylpropan-2-ol, tert-butyl alcohol	
		Camphoraceous, minty odor	
tert-pentyl alcohol	R, G	2-butanol, 2-mrthyl-, 2-methylbutan-2-ol, tert-amyl alcohol, 1,1-dimethyl-1-propanol, dimethylethylcarbinol, amylene hydrate	
		Weak fermented cocoa flavor	

불포화 지방족 알코올 (10종)

Prenyl alcohol	R, G	2-buten-1-ol, 3-mrthyl-, 3-methylbut-2-en-1-ol, 3,3-dimethylallyl alcohol, prenol	
		Fresh, herbaceous-fruity-green, lavender-like odor Green, fruity, fermented flavor	
Matsutake alcohol	R, G	1-octen-3-ol, oct-1-en-3-ol, amyl vinylcarbinol, pentyl vinyl carbinol, 3-hydroxy-1-octene	
		Green, vegetable mouldy, mushroom meaty flavor	Linoleic acid 의 자동산화로 형성되는 가장 강한 향기성분 중의 한 종류.
7-octen-4-ol	G	oct-7-en-ol, 1-octen-5-ol	
		powerful earthy note	건전과와 stinking 커피에서 확인함
Linalool	R, G	1,6-octadien-3-ol, 3,7-dimethyl-, 3,7-dimethyllocta-1,6-dien-3-ol, 2,6-dimethyl-2,7-octadien-6-ol	
		Light and refreshing, floral-woody odor. 역치는 5.3-6ppb/water Woody, floral, green bergamot flavor, 역치는 3.8ppb/water	Stinking 커피에서 발견됨

Diols and ethers (6종)

2,3-butanediol	G	butane-2,3-diol, dimethylethyleneglycol, 2,3-butyleneglycol	
			- Stinking 커피에서 발견됨. - 발효가 잘못되면 발생한다.

지방족 고리와 방향성 알코올 (8종)

3-cyclo-hezane-1-methanol	R, G	α,α-4-trimethyl-, 2-(4-methyl-3-cyclohexen-1-yl)propan-2-ol, ρ-menth-1-en-8-ol, α-terpineol	
		Floral, lilac odor, 역치는 350ppb/water	- 콜롬비아 볶은 커피에서는 0.12ppm 농도를 확인하였다.
2-methylisoborneol	R, G	bicyclo{2.2.1}heptan-2-ol, 1,2,7,7-tetramethyl-, exo-, 1,2,7,7-tetramethylbicyclo[2.2.1]heptan-2-exo-ol,	

		- 미생물에서 나타나는 향과 유사
		- 순수물질은 camphor-loke odor
		- 희석되면 musty, earthy, tarry, mouldy odor
		Woody, camphoraceous, earthy, mouldy odor
		역치는 0.0025ppb/water, 커피 음료에서는 0.005ppb이다.
			- 로부스타: 아이보리 코스트커피는 1.28ppb,
			  인도네시아 커피는 0.74ppb 농도
			- 아라비카 : 콜롬비아 커피는 0.42ppb,
			  산토스 커피는 0.08ppb 농도를 확인

Geosmin (HO, decalin structure)	G	4a(2H)-naphthalenol, octahydro-4,8a-dimethyl-, [(4S)-(4α,4aα,8aβ)]-or(4S,4aS,8aR)-(4S, 4aS,8aR)-decahydro-4,8a-dimethyl-4a-naphthol, 1,10-dimethyl-trans-9-decalol	
			세스키테르펜에서 유도되는 것으로 추측되며 미생물인 엑티노마이세테스와 청녹 해조류의 대사물질이다.
Benzyl alcohol (OH)	G	bezenemethanol, phenylmethanol, hydroxymethylbezene, phenylcarbinol, α-hydroxytoluene	
		Light floral note, 역치는 5.5ppm/water	Rio 커피 및 산토스 커피, 멕시코 커피생두에서 발견됨
Phenylethyl alcohol (OH)	R, G	bezenethanol, 2-phenylethan-1-ol, β-phenylethanol, benzyl carbinol	
		Mild and warm, rose-honey-like, pleasant floral-woody, honey-like odor	- Rio 커피에서 발견됨. - 볶음 온도가 상승하면 농도는 증가한다. -170℃에서 0.22ppm, 230℃에서 0.9ppm, -270℃에서 1.4ppm이다. - 커피를 추출할 때 빠르게 추출되는 물질이다. -휘발성 물질의 가장 중요한 물질이며 - 아미노산인 phenylalanine에서 유도된다.

6) Furans and Pyrans (퓨란류 및 피란류, 148종)

커피생두에 함유된 설탕과 다른 당류 때문에 퓨란 화합물은 볶음공정 중에 형성된다. 아미노산인 serine, threonine과 설탕을 혼합한 model 반응에서 350종류의 헤테로고리 화합물을 확인하였으며, 이 중 100종류 이상이 단순 퓨란류이고 13종류의 Furanone, 퓨란고리 2개를 가진 8종류의 화합물과 다수의 화합물들이 커피에 존재하였다.

예로서 퓨란성 linalool oxide 는 cafestol, kahweol, squalene 같은 커피생두의 지질 중에서 나타나는 고급 테르펜의 열분해에 의해 볶음 중에 형성된다.

퓨란 유도체는 관능적인 관점에서 중요한 아로마 구성성분이다. 퓨란과 2-methylfuran은 전형적인 커피 아로마의 주요 구성성분 중의 하나이다.

Furan	R, G	oxole	
		spicy-smokey, cinnamon-like	- 커피 아로마의 2.3% 차지 - 포도당의 가열에 의해 많은 다른 퓨란류와 함께 형성
Furan-2-methanol	R, G	2-furanmethanol, (2-furyl)methanol, furfuryl alcohol, 2-furylcarbinol, 2-hydroxymethylfuran	
		Mild, slightly caramellic, warm-oily odor 역치는 물에서 5ppm 이며 맛은 smoked meat 이다.	- 볶은 커피에 226ppm 농도로 추정하며 - 아라비카 품종에서는 300ppm, - 로부스타 품종에서는 520ppm 농도로 확인하였다. - 170℃에서 발생이 시작되며 260℃까지 계속 증가한다. - xylose와 cysteine 의 열분해로 형성된다.

Furfural (구조: furan-2-CHO)	R, G	2-furancarboxaldehyde, 2-fural-dehyde, furan-2-carbaldehyde, furfurol, furanal, 2-formylfuran, pyromucic aldehyde	
		Pungent, sweet, bread-like, car-amellic, cinnamon-almond-like odor. 역치는 물에서 3-5ppm 이다.	– 볶음 초기단계에서 약 85ppm 의 고농도로 존재하며 볶음단계가 증가하면 전반적으로 급격하게 감소한다. – 저장 중 감소는 나타나지 않는다. – 230℃에서 5분 후에 완전히 형성되지만 이보다 높은 온도에서 분해된다. – Dimethyl dihydroresorcinol 의 축합물에서 확인하였으며 이 축합물은 즉시 분해되어 tar성 물질을 형성한다. – 포도당의 열분해로 형성되며 5탄당의 Amadori 화합물에서도 형성되는 것을 확인하였다.
3-mercap-to-2-methylfuran (구조: 2-methylfuran-3-SH)	R	3-furanthiol, 2-methyl-, 2-methylfuran-3-thiol	
		0.5ppm 농도에서 sweetish, fried meat, beef broth, burnt, onion odor를 나타낸다. 역치는 0.005-0.01ppb, 2.5-10μg/m³	– 식물성 단백질 분해물과 cycteine, thiamine 혼합물의 모델반응에서 분리 확인하였고, ribose phosphate와 황화수소의 작용으로 형성된다. – Maillard 반응이 관여한다.

		2-furanmethanethiol, fu-ran-2-methanethiol, (2-furyl) methanethiol, furfurylmercaptan	
2-furfurylthiol ![structure]SH	R	매우 강하고 확산이 잘되는 penetrating odor 를 나타내며, 적절하게 희석되면 coffee-like, caramellic burnt, sweet odor 를 나타낸다. 역치는 물에서 0.04ppb, 4.5μg/㎥ 이다. 0.01-0.05ppb에서 갓볶은 커피 냄새, 1-10ppb 에서는 유황냄새의 특성을 나타낸다.	- 커피의 방향성 성분으로 중요하지만 화학적으로 매우 불안정하다. - 볶음 중에 형성되며 mercaptan 을 가진 케톤과 -알데하이드의 반응으로 형성된다. - 볶음 온도에서 5분간 볶음으로 증가하며 200℃에서 0.05ppm, 230℃에서 0.35ppm, 260℃에서 0.70ppm 으로 증가한다. - 황화수소와 furfuryl alcohol 또는 2-furaldehyde 의 상호반응으로 볶음 중에 형성된다. - cysteine/ribose 혼합물의 Maillard 반응에서 주된 화합물이 형성된다.

7) Hydocarbons(탄화수소류, 77종)

탄화수소류는 탄소와 수소로 구성되었고, 지방족 aliphatic과 방향족 aromatic 으로 분류된다. 지방족은 다시 알칸류 alkanes, 알켄류 alkenes, 알킨류 alkynes, 고리화합물 cyclic aliphatic로 세분된다. 알칸류는 포화탄화수소류이고, 알켄류는 불포화탄화수소류 즉, 탄소의 이중결합이 한 개이며, 알킨류는 탄소의 이중결합이 두 개이거나 삼중결합이 하나이며, 고리화합물은 고리구조를 가진 것이다.

직쇄 또는 가지를 가지는 저분자의 알칸과 알켄족이 커피향기에서 발견되었다. 즉, 커피 아로마 에센스에 저분자량의 탄화수소 C4-C7인 파라핀과 올레

핀이 존재한다. 이러한 저분자 물질은 커피콩의 로스팅 중 200℃에서 생성되는데 코코아콩과 차잎의 열처리온도보다 상대적으로 높으며 결과적으로 탄화수소 함량이 적다.

Merritt등은 탄화수소는 로스팅 전 지방의 산화에 의해 형성될 수 있으며 몇종류의 화합물은 없어지거나 일부 올레핀류가 생성될지라도 그 과정 자체는 거의 영향을 미치지 못한다고 하였다.

탄화수소의 관능특성은 헥산이나 사이클로헥산 같은 화합물이 감지할 수 있는 향이 있어도 거의 주목받지 못하고 있다. C_{11}-C_{15}의 알칸족과 지방족 알코올의 차이점은 관능으로 구별할 수 없으며 이와 반대로 다가불포화 탄화수소는 전형적인 향의 특징을 가진다. 따라서 식품의 향미에 중요한 인자이지만 커피에서 이들 향기성분의 존재는 지방족 휘발성 화합물로 제한되어 있다. 이는 pentadiene, isoprene, 5-mthyl-1,3-hexadiene 등이다.

Terpene성 탄화수소류의 함량은 커피콩의 완숙단계 후 나무에 남아 있을 때 감소하며, 단지 limonene은 Robusts 품종에서 적절한 양으로 방출하고 있으며 주로 ρ-cymene, pinene과 2종류의 세스키테르펜이다. Arabica 품종의 어떤 limonene은 나무에서 더 오랫동안 숙성된 후에도 검출되는 경우도 있지만 세스키테르펜은 확인되지 않았다. 이러한 탄화수소류 화합물들이 보편적인 감소를 보이는 것은 숙성에 의해 산화된 화합물이 증가하기 때문이다.

카페인을 제거한 커피에서는 탄화수소류의 농도가 감소하며, 로스팅에 의해 polycyclic hydrocarbon류는 증가한다. 이러한 polycyclic hydrocarbon류는 아로마의 일부분으로 취급할 수 없다. 중간 볶음에서 phenanthrene 은 28-30ppb로 가장 많은 농도를 나타내었으며, benzopyrene은 0.3-0.5ppb 농도였다. 아주 강한 dark roasting 에서도 phenanthrene은 약 70ppb로 여전히 가장 많은 농도를 나타내었으며, 다음으로 fluoranthene이 35ppb, pyrene 이 30ppb, benzopyrene이 6ppb이며 다른 탄화수소류는 0.6-15ppb 의 농도를 나타내었다. Benzopyrene은 발암물질로 알려져 있지만 볶음 공정에서 커피콩이 연소되지 않으면 benzopyrene의 농도는 0.2ppb 정도 함유 한다고 한다. 커피콩에 제거되지 않은 껍질이 있거나 껍질이 혼합되어 있는 경우 benopyrene 함량이 증가되므로 껍질은 반드시 제거되어야 한다.

포화직쇄 및 메틸치환 알칸류(11종)

$$R - H$$

$R = CH_3(A·1), C_2H_5(A·2), C_4H_9(A·3)(A·3),$

$C_5H_{11}(A·4)(A·4), C_6H_{13}(A·5)(A·5), C_8H_{17}(A·6),$

$C_9H_{19}(A·7)(A·7), C_{10}H_{21}(A·8)(A·8), C_{11}H_{23}(A·9),$

Methane	R	odorless gas	
Butane	R	sweet-nauseating odor	Stinking green bean
Pentane	R, G	gasoline, petroleum-ether odor	Linoleic acid 산화생성물로 향기물질 아님
Hexane	R, G	Petroleum-ether odor	Faint
Octane	R	Petroleum odor	
Decane	R, G		푸에르토리코 "Rio" green coffee 에서 확인

Cyclohexanes(6종)

구조		분류	설명	비고
5-ethyl-2-methyl-heptane		G		"Stinking" green bean에서 확인
cyclohexane		R	Solvent odor	

Alkenes(11종)

구조	분류	설명
Ethylene $CH_2 = CH_2$	R, G	ethene
		Faint sweet odor
β-myrcene	R	1,6-octadiene, 7,-methyl-3-methylene-, 7-methyl-3-methyleneocta-1,6-diene, 2-methyl-6-methylene-2,7-octadiene
		sweet-balsamic-resinous "gum" odor earthy, metallic, orange flavor 정제 myrcene : refreshing, almost citrusy, warm balsamic, ethereal-sweet 역치 13-42ppb/water
Limonene	R	cyclohexene, 1-methyl-4-(1-methylethenyl)-, 4-isopropenyl-1-methyl-1-cyclohexene, p-mentha-1,8-diene, dipentene
		Citrusy, lemon-like, fresh, sweet odor 역치 200-500ppb/water, 60-210ppb (limonene 순도 96.5%일 때)

방향족 탄화수소류(30종)

화합물		이명	비고
Benzene	R, G	benzol, cyclohexatriene	
		Gassy, hydrocarbon, choking, diffusive and warm odor	아미노산인 페닐알라닌의 열분해로 형성, 볶은 커피에 0.1-0.15ppm 존재한다.
Toluene	R, G	benzene, methyl- phenylmethane	
		benzene보다 약한 sweet-gassy odor	볶은 커피에 0.3-0.35ppm 존재하며 아미노산인 tyrosine의 열분해로 형성
Penylethane	R, G	benzene, ethyl-, ethylbenzene, α-methyltoluene	
		Gassy sweetness (hyacinth type)	아미노산인 페닐알라닌의 열분해로 형성
Isopropylbenzene	G	benzene, 1-methylethyl-, cumene, cumol, 2-phenylpropane	
		Solvent flavor, slighty floral, chemical	
m-xylene	R, G	benzene, 1,3-dimethyl-, m-xylol, 1,3-xylene, 2,4-xylene, m-methyltoluene	
		"rio" off-flavor	
p-xylene	R, G	benzene, 1,4-dimethyl-, p-xylol, p-methyltoluene	
		Pungent, gassy, kerosene-like odor	0.02-0.05ppm 농도로 존재

p-cymene	R	benzene, 1-methyl-4-(1-methylethyl)-, l-isopropyl-4-methylbenzene, p-isopropyltoluene, 2-p-tolylpropane, p-methylcumene
		Citrus peel oil flavor 역치 : 11.4-13.3ppb/water
1,2,3-trimethylbenzene	G	benzene, 1,2,3-trimethyl-, hemimellitene
		metalic, mouldy, dirty flavor
1,2,4-trimethylbenzene	R, G	benzene, 1,2,4-trimethyl-, 1,2,5-trimethylbenzene, as-trimethylbenzene, pseudocumene, pseudocumol
		Mouldy, hazelnut odor
1,3,5-trimethylbenzene	R, G	benzene, 1,3,5-trimethyl-, mesitylene, sym-trimethylbenzene
		Aromatic-herbaceous, ethereal, thyme, everall pleasant odor Weak naphthalene, gassy flavor
1,2,4,5-tetramethylbenzene	R	benzene, 1,2,4,5-tetramethyl-, durene, durol
		Chemical, phenolic, gassy flavor, weak hazelnut odor	콜롬비아 0.28ppm 존재

Styrene	R, G	benzene, ethenyl-, vinylbenzene, phenylethylene, cinnamene	
		Extremely diffusive, sweet-gassy, 희석하면 balsamic, floral odor	볶은 커피에 0.02-0.05ppm 존재. 아미노산인 phenylalanine의 열분해로 형성
Dehydro-p-cymene	R	benzene, 1-methyl-4-(1-methylethenyl)-, 1-isopropenyl-4-methylbenzene, p,a-dimethylstyrene, p-isopropenyltoluene	
		Citrusy-lemone-like, solvent	
phenybenzene	R, G	1,1'-biphenyl, biphenyl, diphenyl, bibenzene	
		Neroli(등나무꽃 기름), gassy-green, bergamot-cinnamon-like, garanium 고농도에서는 choking, metallic odor	
3-tritoluene	R	1-1'-biphenyl, 3-methyl-, 3-methylbiphenyl, 3-phenyltoluene	
		Green, rose-like note	
2,3-dihydroindene	G	1H-indene, 2,3-dihydro-, indan, hydrindene, benzocyclopentane	
		Earthy, woody flavor	

Indonaphthene	R	1H-indene, indene	
			아미노산인 phenyalanine 의 열 분해로 형성
Naphthalene	R, G	1,2,3,4-tetrahydro-, 1,2,3,4-tetrahydronaphthalene	
		Pungent, choking dry-tarry odor	
β-methylnaphthalene	R, G	naphthalene, 2-methyl-, 2-methylnaphthanlene	
		Naphthalenic, chemical, oily flavor	
β-ethylnaphthalene	R	naphthalene, 2-ethyl-, 2-ethyl-naphthalene	
		Machine oil flavor	
Fluorene	R	9H-fluorene, diphenylenemethane; o-biphenylenemethane, 2,2'-methylenebiphenyl β-benzindene	
		Naphthalenic, mouldy flavor	볶은 커피에 4-10ppb 존재

8) Acids and anhydrides (산류 및 산무수물류, 67종)

커피에 함유되어있는 산류는 크게 2가지로 나눌 수 있다. 하나는 휘발성 산류로 고농도 지방족으로 C16의 사슬을 가진다. 2종류의 더 작은 방향성 산류는 benzoic acid 와 phenylacetic acid도 이 분류에 속한다. 또 하나는 비휘발성 산류로 향보다는 맛에 관여한다. 이러한 기능성 group은 비휘발성으로 설명할 수 있으며, 클로로겐산을 제외하더라도 볶음 중 이들의 분해결과 페놀성 화합물이 생성된다.

휘발성 산은 신맛 특성과 함께 독특한 향을 나타내므로 커피 향의 특징을 나타내는데 중요한 역할을 한다. 그린커피와 볶은 커피에서 초산, propanoic acid, butanoic acid 를 확인하였고 이런 단순 화합물의 존재는 다른 중요성분 중 특별한 풍미와 안정성을 부여하는데 필수적이다.

처음으로 비휘발성 결정체로 확인되고 분리된 것은 퀸산이다. 총 유기산의 66.7%는 비휘발성 산인 클로로겐산이며 초산은 총산의 0.59%를 점유하고 있다. 초산보다 함량이 더 많은 것은 비휘발성 산으로 구연산 7.7%, 사과산 7.2%, 주석산 6.2%이다. 옥살산과 비루빈산도 정량 되었다.강한 볶음에서는 약 50%의 클로로겐산이 파괴되었다.

커피에서 저지방족 산류(C1-C6, C8)와 비휘발성 산류를 확인하였다. 즉, lactic acid, succinic acid, malic acid, tartaric acid, citric acid, fumaric acid, α-oxoglutaric acid, pyruvic acid 이며 citric acid는 다른 비휘발성 산보다 더 높은 함량을 나타내었다.

커피음료에서의 휘발성 산류는 C1-C10으로 정하고 있으며, 중간 볶음과 강한 볶음에서 산 함량의 차이는 일반적으로 강한 볶음은 중간 볶음보다 휘발성 산 함량이 낮으며 로부스타 커피는 휘발성 산 함량이 가장 높다. 커피의 주된 산류는 비휘발성 산류이다.

볶음 정도가 증가함에 따라 총 carboxylic acid 함량은 증가하고 이는 phenolic acid가 파괴된 결과로 나타났다. 볶음 중에 발생하는 비휘발성 향기성분의 화학적 변화에서는 일반적으로 모든 산류는 볶음 시간이 증가함으로서 산의 함량은 감소하였다. 휘발성 산류의 농도의 차이는 상대적으로 낮으며 품종 간 차이는 없었다.

Sivetz는 1972년 산도가 커피향미에 어떻게 영향을 미치는가를 조사하였다. 즉, 커피 음료의 pH와 신맛의 관계, 산도에 영향을 주는 요인으로서 식물, 해발고도, 가공방법, 그린커피의 숙도와 볶음정도 등을 조사하였다. 음료에서의 농도와 각 산의 해리상수는 수소이온의 해리로 계산하였다. 초산은 단지 7%가 해리된 반면 이와 동등한 해리상수로서 주석산은 98%, 구연산은 95%, 사과산은 50%가 해리된 것과 동일한 값을 가지며, 비휘발성 산이 관능적으로 중요하게 기여하는 것을 설명하고 있다. 즉, 수소이온 농도가 25% 증가하거나 pH가 0.1 감소하는 것은 계산된 초산량의 4배 또는 더 많이 해리된 산을 적게 사용해야 한다는 것을 말한다.

여러 가지 커피 추출음료 제품의 pH 측정결과 추출물의 분무건조한 인스턴트커피는 pH 4.77 - pH 5.05, 동결건조 제품은 pH 4.75 - pH 5.25를 나타내었다. 전문 감별사는 1컵의 커피음료로서 pH 0.025 단위까지 구분할 수 있으며 pH 4.90 이하는 신맛이 너무 많고 pH 5.20 이상은 맛이 너무 없다고 생각한다.[26]

각각의 산이 커피음료의 신맛에 미치는 영향은 22종의 산은 볶은 커피에서는 93% 영향을 미치고 커피추출물에서는 커피음료의 적정산도에 75% 영향을 미치며 주된 산은 초산과 구연산이다.

구연산 한 종류만 볶은 커피음료의 신맛에 대한 역치 이상 농도로 존재한 반면 초산은 역치와 거의 비슷한 농도를 나타내었다. 고분자량산과 사과산은 신맛을 나타내는 물질로서 산도에 많이 기여하고 있으며, 다른 모든 산 종류는 3%이하로 소량 존재하지만 커피음료의 신맛에 기여하는 것으로 생각하고 있다.

Clarke와 Macrae는 1985년 커피 추출음료에서 carboxylic acid의 역할과 향미와 맛에 대한 산도의 중요성을 언급하였으며, 그린커피와 볶은 커피 및 건조된 커피추출물의 산 함량에 대해서도 논의 되었다. 약한 볶음 커피는 미각이 깨끗하고 빨리 없어지는 좋은 산도가 나타났지만 강한 볶음 커피의 품질은 바람직한 쓴맛이 순수한 상태로 인식되므로 산도가 없거나 거의 없는 상태를 나타낸다. 따라서 일반적으로 볶음이 강할수록 산 함량은 더욱 낮아진다.

---

26) Flament, Coffee Flavor Chemistry p146

비휘발성 산은 매우 복잡한 관능적인 메카니즘에서 중요한 역할을 한다. 즉, 해리되지 않은 산은 아로마에, 아로마는 풍미에, 수소이온농도는 산도에 기여하고 있다. 산업체에서 가장 좋은 향미특성으로 개선하기 위해서 산도의 조정은 흥미로운 일이다. 커피에 존재하는 많은 산은 특징적인 풍미를 가지며 대부분의 저급 지방족 산은 수용액 상태에서 4-8ppm의 역치를 가진다. 커피음료의 산은 quinic, acetic, citric, malic, phosphoric, formic, glycolic, lactic, oxalic acid 순으로 감소한다.

커피의 산 함량은 그린커피 중량의 11%, 볶은 커피의 6%, 커피 추출물의 16%에 해당한다. 볶음 단계에서 미량 산류의 함량과 fumaric, mesaconic acid 함량은 증가하지만, citraconic, itaconic, malic, succinic acid 는 감소한다.

커피 추출음료에서 산 함량은 퀸산의 락톤과 에스테르의 가수분해에 의해 온도와 시간에 따라 증가한다. 아라비카품종의 산 함량이 로부스타품종보다 풍부하고 가치가 있다. 그러나 그린커피에서는 로부스타 품종이 산 총 함량이 높지만 볶은 커피에서 추출한 커피는 반대로 나타나고 있다. 아라비카품종에서 산미의 강도가 큰 것은 3가지 요인 때문이다. 즉, 볶은 커피에서 산 함량이 높고, 유리산 그룹의 비율이 다소 높고, 개별적인 산이 나타내는 관능적인 효과가 더 크기 때문이다. 추출한 커피에서 나타나는 산의 관능적 효과를 측정하면 초산, 구연산, 사과산이 중요하게 나타난다.

Quinic, formic, chlorogenic acid 가 상대적으로 많은 량을 나타내었지만 신맛에 대해서는 많이 기여하지 못하고 있다. 커피에서 초산과 구연산은 거의 역치에 가까운 농도로 나타나며 사과산과 인산은 초산과 구연산 농도의 1/2 정도이며 다른 산의 농도는 더 낮게 나타났다.

담배, 차, 커피에서 탄소수가 작은 휘발성산의 분석에서 C1-C8 유기산은 맛과 향미에 중요하게 관여하고 있다고 한다. 대부분의 산 함량은 볶음정도에 따라 증가하며 특히 propanoic, 3-methyl-2-butenoic, 3-methylbutanoic, butanoic, 2-butanoic acid 가 증가한다. 고급 지방족 산류는 가열처리에 의한 영향을 덜 받는다. 높은 온도에서 저장하거나 수분함량이 높으면 함량은 증가한다.

휘발성 산류는 포도당이 가열된 후 특히 개미산과 초산을 확인하였으며, 소량의 비휘발성 산인 levulinic, pyruvic succinic, fumaric aicd를 확인하였다. 또 다른 지방족 산류는 (C5-C10) long-chain 지방산의 가열산화에 의해 형성될 수 있다.

커피 Flavor에 존재하는 long-chain fatty acids

지방산이 유리상태로 확인하기 어려운 것은 볶음이나 추출기술 때문이다.

그린커피, 갓 볶은 커피, 노화된 커피에서 지방산을 정량한 결과 총 지방산 함량의 28-33%는 C18:2 linoleic acid는 23-26%인 C18:1 oleic acid 보다 더 중요하며, 포화 지방산에서는 C16 palmitic acid는 총 지방산 함량의 31-37% 이고, C18 stearic acid 는 5-8%, C14 myristic acid는 2%이다.

커피 oil에서 주된 지방산의 함량은 linoleic acid C18:2 46%, palmitic acid C16 32%, oleic acid C18:1 8%, stearic acid C18 7.5%, palmitoleic acid C16:1 0.9% 이다. 최근에 생산되는 커피의 품질 향상으로 인하여 linolenic acids 의 함량이 높아지는 경향도 나타나고 있다.

Acetic acid	R, G	ethanoic acid	
		pungent, stinging sour, unpleasant odor, 역치는 22-54ppm	-그린커피에는 극미량 존재하며 볶음조건에 따라 크게 좌우된다. 강한 볶음으로 감소된다. -아라비카 커피에는 극미량 존재하며. 로부스타 커피에서는 건물 중량 기준 0.2% 정도 있지만 볶은 커피제품에서는 0.36-0.55% 존재한다.
Lactic acid	R, G	propanoic acid, 2-hydroxy-	
		맛은 pleasantly acid	그린커피에는 건물 중량 기준 0.08-0.09% 농도이며 볶음 중에 0.0-0.16%로 증가한다. 커피추출음료에서 고온으로 유지될 때 증가한다. 볶은 커피에서는 670ppm 으로 증가한다.
Succinic acid	R, G	butanedioic acid	
		맛은 tart-acid 이며 물에서 2000ppm 이상의 농도에서 떫은 맛을 나타낸다.	중간볶음, 강한볶음에서 55-160ppm 농도를 확인하였다. 커피추출음료에서 고온으로 유지될 때 증가한다.

Malic aicd	R, G	butanedioic acid, 2-hydroxy-, 2-hydroxybutanedioic acid, α-hydroxysuccinic acid	
		Caramellic acrid odor	사과산은 175℃에서 분해되기 시작하며 150℃에서 100개의 커피콩에서 73mg이 220℃에서는 53mg으로 감소된다. 중간 볶음보다는 약간 강한 볶음에서 농도가 조금 더 높다.
Tartaric acid	R, G	butanedioic acid, 2,3-dihydroxy-,	
		맛은 5000ppm 이하에서 refreshing, strongly acid, pleasant	볶은 커피에서 10-60ppm 정도이며 중간 볶음에서 강한 볶음으로 하면 함량은 감소한다.
citric acid	R, G	1,2,3-propanetricarboxylic acid, 2-hydroxy,	
		맛은 0.02-0.08% 농도일 때 clean acid taste, pleasant	구연산은 150℃에서 분해되기 시작하며 100개의 커피콩에서 170mg이 220℃에서는 80mg으로 감소한다. 추출물 100g 당 2.2g으로 다른 비휘발성산보다 더 많은 농도를 나타내며, 건물 중량 기준으로 그린커피는 0.62-1.15%, 중간볶음에서는 0.44-0.85%, 에스프레소용 커피에서는 0.26-0.73%이다. 구연산은 볶음 중에 그린커피 함량의 약 50%정도 감소한다.

9) Phenols(페놀류, 91종)

　페놀류는 자연계에서 결합된 형태로 존재하지만 향기 분석학자들은 가장 중요한 유리형태와 상대적으로 분자량이 낮은 성분들을 주로 연구하였다. 페놀류는 커피 향미의 전형적인 품질에 관여하며 술과 육류, 우유, 채소 등 모든 식품에 존재한다. 휘발성과 결정성이 낮은 폴리페놀 물질은 식품의 향기에서 가장 먼저 방향성 화합물로 확인되었다. 카페올은 크레졸이나 베라트롤 같은 냄새를 가지기 때문에 페놀성 화합물로 여겨지기도 한다.

　페놀, 카테콜, guaiacol, vinylguaiacol 등은 원자가가 높은 페놀에테르 또는 가장 유사한 페놀로, 실제로 불안정하여 단일 물질로 분리할 수 없었다. 볶은 커피의 성분과 staling 중의 변화 연구에서 Folin 시약을 사용한 휘발성 페놀 함량의 정량분석에서 푸른색을 나타내는 것을 분광광도계를 이용하여 측정하였다. 이 방법에서는 가열에 의해 클로로겐산의 분해로부터 페놀이 계속 생성된다. 총 휘발성 페놀 함량은 볶음과정 전체에서 비례적으로 증가된다. 아라비카품종보다 페놀성분이 더 많은 로부스타커피는 휘발성분이 적다. 로부스타커피는 monophenol과 guaiacol이 가장 많고 다음으로 hybrid arabusta와 arabica 순이다. 커피에서 페놀의 종류와 함량은 볶는 조건만큼 다양하며 특히 dimethylphenol과 trimethylphenol은 강하게 볶은 커피에서 확인되었다.

　식품 향기성분의 단순페놀 형성 경로는 2가지이다. 첫 번째 경로는 리그닌의 열분해와 페놀성 carboxylic acid 의 탈탄산이며, 두 번째는 세균, 효모, 곰팡이의 효소와 배당체 반응이다. 연기와 볶은 커피에 부분적으로 존재하는 페놀화합물은 목질부의 리그닌에서 유도된다. Ferulic acid 는 리그닌의 1차 열 분해물이며 리그닌이 분해되어 다른 페놀화합물의 원료물질로 나타난다.

Ferulic acid는 커피 볶음에 이용되는 온도보다 더 높은 온도에서 산소의 유무에 관계없이 승화된다. Guaiacol, 4-vinyl, 4-ethyl, 4-methylguaiacol 유도체는 산소가 없어도 형성되며, vanillin, acetovanillone, vanillic acid는 산소가 있어야 형성된다.

볶음 중 향기성분 형성에 관한 연구에서 볶음시간 5분으로 일정하게하고 170℃에서 260℃까지 10℃마다 페놀 성분의 농도를 측정한 결과 볶음 중에 페놀의 농도는 증가하였으며 강하게 볶은 커피에서는 vanillin 과 4-vinylbrenzcatechin만 거의 형성되지 않았다. ρ-vinylguaiacol은 볶음이 시작되면서 급격하게 증가하지만 강하게 볶으면 감소한다.

커피, 차, 코코아에서 항산화효과를 가지는 polyhydroxyphenol은 라디칼포착기능과 환원성에 관련되어있다. Catechol은 항산화 효과가 가장 크며 다음으로 cinnamic 유도체, derulic, sinapic, caffeic acid 순이다.

Guaiacol이 ferulic acid 잔유물에서 유도된다면 catechol과 pyrogallol은 주로 quinic acid 잔유물에서 유도된다. Ethyl, vinylcatechol 과 3,4-dihydroxycinnamaldehyde 는 caffeic acid 잔사의 분해에 의해서 형성된다.

볶은 로부스타 커피의 페놀과 페놀에테르 함량이 볶은 아라비카 커피보다 높은 이유는 커피생두에서 클로로겐산과 3-feruloylquinic acid 함량이 높기 때문이다.

Phenol OH	R, G	phenyl alcohol, phenic acid, benzenol, hydroxybenzene	
		smoky aroma, medicinal, shoe-polish like odor 역치는 250ppb	중간 볶음에서 13-17ppm 농도이지만 강한 볶음 후에는 60ppm 으로 증가한다. 로부스타 품종에서 170℃, 5분에서 1ppb 이하이며 230℃, 5분에서는 1.55ppm 으로 증가한다.
Catechol OH OH	R, G	1,2-benzenediol, pyrocatechol, pyrocatechin 1,2-dihydroxybenzene	
			아라비카 품종에서 80-137ppm, 로부스타 품종에서 115-120ppm 을 나타내며 카메룬 로부스타 품종에서 중간 볶음은 207ppm, 강한볶음은 667ppm을 나타내었다. 170℃, 5분 후에는 약 20ppm, 230℃ 5분 후에는 90ppm, 260℃ 5분 후에는 약 300ppm 으로 증가하였다. caffeic acid 의 열분해로 형성되며 커피의 클로로겐산 분해물인 caffeic acid 와 quinic acid 에서도 형성된다.
Guaiacol OH O—	R, G	phenol, 2-methoxy-, 2-methoxyphenol, o-methyl-catechol, o-hydroxyanisol, 1-hydroxy-2-methoxybenzene	
		Powerful smoke-like, medicinal odor, phenolic, burnt spicy, smokey, woody, meaty odor. 역치는 13-21ppb	볶음으로 소량 증가한다. 6주 저장 후에는 소량 감소하였지만 3년된 커피의 경우 일정한 량을 나타내었다. 170℃, 5분 가열에서 1ppb 이하이며 230℃, 5분에서는 1.60ppm, 260℃ 에서는 11.5ppm 으로 증가한다. Ferulic acid 의 열분해 생성물에서 확인되며, vanillin 의 산화로 형성된다.

2,4,6-trichloroanisole (TCA)	R, G	benzene, 1,3,5-trichloro-2-methoxy-, 1,3,5-trichloro-2-methoxybenzene, methyl 2,4,6-trichlorophenyl ether	
		Dusty, musty, earthy, wine cork taint, iodine, phenolic odor 역치는 추출커피에서 0.008ppb, 물에서 0.03ppt	Rio 커피생두에서 확인하였으며 푸에르토리코 Rio 커피에서는 106ppb, 산토스 Rio 커피에서는 24ppb 농도로 발견되었다. 볶음으로 50% 감소된다. Hardish-off flavor 의 케냐 커피에서 16ppb 농도가 확인되었다. TCA 는 off-flavor 에 중요한 역할을 한다. 케냐커피에서 이 화합물이 존재하는 것은 살균제인 prochloraz-Mn의 사용에 기인된다고 추정하고 있다. 이 살균제는 습한 기후와 습기가 많은 환경에서 TCA 형성이 잘 일어나기 때문에 prochloraz-Mn 을 사용하지 않은 케냐 커피에서는 hardish-off flavor 가 없었다.
ρ-coumaric acid	R	2-propenoic acid, 3-(4-hydroxyphenyl)-, 3(4-hydroxyphenyl) prop-2-enoic acid, p-hydroxycinnamic acid	
			커피생두에서 300-340ppm 농도로 추정하고 있으며 아라비카 품종에서는 260-340ppm, 로부스타 품종에서는 190-510ppm 농도로 확인하였다. 역치는 물에서 40ppm 이다.

10) Thiopenes (티오펜류, 28종)

티오펜류는 황을 함유한 헤테로고리형 화합물이다. 볶은 커피 향기성분에서 27종류의 단순 휘발성 티오펜류로 확인하였지만 다소 복합 구조로 존재한다. 주로 Cysteine 과 cystine 또는 가수분해된 식물 단백질을 포함하는 많은 갈변 모델반응에서 티오펜이 발견된다. 알킬 티오펜류는 산화적 분해에 의한 설탕의 첨가 없이 cysteine에서만 형성될 수 있지만 아실티오펜류는 설탕이 필요하다. 예로서 티오펜은 cysteine 한 종류만의 열분해 또는 pyruvaldhyde 와 함께 열분해로 형성되거나, cysteine/cystine/ribose에서 형성되거나, 포도당 또는 furfural 에 황화수소의 작용으로 간단하게 형성될 수 있다. Ribose 와 cysteine으로 이들 중 2종류만 볶은 커피에 있는 알킬티오펜을 확인하였지만 8종류의 아실티오펜 중 7종류가 커피에 존재하고 있다. Phamnose 와 cysteine으로서도 커피제품과 비교하여 비슷한 결과가 얻어졌다.

Thiopene	R	thiophene	
		benzene-like odor, 쇠고기 통조림에서 2.5ppb 농도일 때 sickly, pungent off-odor를 나타낸다.	Cysteine/glucose 모델반응에서 가열될 때 확인하였으며
2-methylthiopene	R	thiophene, 2-methyl-,	
		쇠고기 통조림에서 1.0ppb 농도일 때 green, sweet off-odor 를 나타낸다. Sulfury, cabbage, ash odor 를 나타내며 역치는 물에서 3ppm이다.	Methylthiopene은 cysteine의 열분해로 형성되며 2-methylthiopene은 cysteine/glucose 모델반응에서 가열될 때 확인하였다.

11) Pyrroles(피롤류, 80종)

볶은 커피에 70종의 화합물이 있으며 이들 중 일부는 아로마에 중요하게 관련되어있다. 피롤류는 신선식품이나 식품의 원재료(raw food)에는 없다. 설탕은 퓨란 잔기 또는 아실그룹을 포함하는 피롤류 형성에 꼭 필요하다. 피롤류는 아마도리 중간 생성물의 가열분해에 의해 형성되기도 하며, 아미노산과 함께 퓨란 유도체의 가열반응에 의해 형성되기도 한다. 알킬피롤류는 200-210℃에서 형성되어 250℃까지 증가하며, furfuryl 화합물의 형성은 190-200℃에서 형성되어 250℃까지 증가한다.

Pyrrole	R	1H-pyrrole, 1H-pyrrole, azole	
		Warm, slightly pungent, hay-like herbaceous odor	Proline 이나 threonine의 열분해로 형성된다. 또 다른 생성은 포도당과 hydroxyproline이 120℃에서 200℃로 가열될 때, cysteine/cystine 의 갈변 시스템에서, 암모니아와 rhamnose 또는 암모니아와 포도당의 모델 시스템에서, serine과 threonine이 가열될 때 형성된다.
Pyrrolidine	R	tetrahydropyrrole, azacyclopentane	
		이 화합물은 penetrating amine-type odor이며, 약한 암모니아 냄새도 있다. 아민류가 있으면 fishy, 발효취 등이 나타난다.	냉동건조커피에서 7ppm, 커피 추출물에서 11ppm 농도를 확인하였다.

Benzopyrrole	1H-indole, indole, 1H-indole	
	R, G	확산성이 매우 강하며 고농도일 때 tarry, choking odor를 나타내고 0.1% 이하의 저 농도에서는 강한 꽃향기, 상쾌한 향기를 나타낸다.	아라비카 품종에서 0.30-0.80ppm 농도를 확인하였고, 로부스타 품종에서 170℃ 5분 후에는 0.5ppm, 260℃ 5분후 에는 2ppm 농도를 나타내었으며 아주 강한 볶음으로(230℃ 에서 260℃) 농도는 2배 증가하였다. 이 화합물은 푸에르토리코 Rio 커피와 멕시코 커피생두에서도 발견되었다. 커피 표면의 왁스에 있는 amide 같은 serotonin의 가열로 발견되었으며 300℃에서 phenylalnine의 열분해로 형성된다.

12) Oxazoles(옥사졸류, 24종)

옥사졸 unit 는 폴리펩타이드의 탈수에 의해 단백질 분자의 일부분 형태라고 생각된다. 옥사졸류는 퓨란과 비슷하게 펜토산으로부터 형성되고 고리의 질소와 비교하면 피리딘류와 비슷하다. 대부분의 옥사졸류는 주로 커피의 볶음 중에 형성된 것을 확인하였다.

Trimethyloxazole과 oxazoline 은 육류제품인 돼지 간 요리, 쇠고기 통조림, 삶은 쇠고기 등에서 확인하였고, 또 다른 가열제품으로 볶은 보리, 구운 감자, 볶은 땅콩 등에서도 확인하였다. 24종류의 알킬옥사졸은 프랑스 튀김 감자에서 확인하였으며, 커피에서는 7종류가 존재한다. Oxazoline은 커피볶음 온도보다 낮은 온도에서 가공된 육류제품에서 항상 발생하며 옥사졸 형성의 중간물질로 생각된다. 2,4,5-trimethyl-3-oxazoline은 가공된 육류제품이나 커피의 향기성분에 존재하는 암모니아, 알데하이드, 아세토인 등의 가열 상호반응에서 형성된다.

옥사졸류의 형성 기작은 정확하게 알려져 있지 않으며 한 가지 경로는 아미노산인 serine 또는 threonine 이 탈탄산되어 ethanolamine 또는 methylethanolamine이 되어 알데하이드와 축합되어 oxazolidine이 된 후 산화되어 oxazole이 되거나 5위치에서 메틸화되어 2위치에서 알킬이나 아실 라디칼이 된다.

다른 경로는 α-dicarbonyl 화합물과 아미노산이 축합되어 Strecker 분해반응을 거쳐 아실화와 가열축합 후 α-amino ketone 을 형성하여 oxazole이 생성된다.

알킬치환은 α-diketone 의 4,5 위치에서 나타나고 아실화물질의 알킬라디칼에서 2위치의 치환이다. α-amino ketone은 pyrazine 의 자동 축합에 의해 형성될 수 있다. 옥사졸의 전구체로 아미노산인 serine 또는 threonine과 설탕의 모델반응에서 커피볶음 조건으로 가열하여 20종류의 oxazole을 확인하였다. 이는 모델반응의 향기성분에서 미량의 oxazole을 분리하였으며 커피향기성분에는 고농도로 존재한다.

Oxazole			
(구조식)	R	2,4-diemthyl-, 2,4-dimethyloxazole, 2,4-dimethyl-1,3-oxazole	
		피리딘과 비슷한 냄새를 가지며 nutty, sweet odor를 나타낸다. 5ppm 농도에서 green, fruity, blackcurrant odor를 나타낸다.	Serine 또는 threonine/sucrose의 모델 시스템에서 확인되었으며, furfural 이 황화수소와 암모니아로 처리할 때 형성된다.

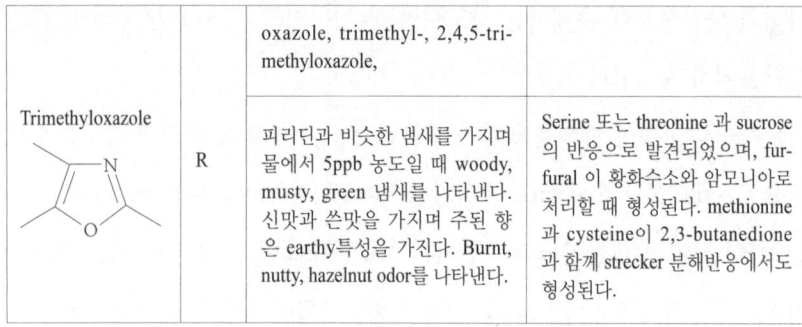Trimethyloxazole	oxazole, trimethyl-, 2,4,5-tri-methyloxazole,	
	R	피리딘과 비슷한 냄새를 가지며 물에서 5ppb 농도일 때 woody, musty, green 냄새를 나타낸다. 신맛과 쓴맛을 가지며 주된 향은 earthy특성을 가진다. Burnt, nutty, hazelnut odor를 나타낸다.	Serine 또는 threonine 과 sucrose 의 반응으로 발견되었으며, furfural 이 황화수소와 암모니아로 처리할 때 형성된다. methionine 과 cysteine이 2,3-butanedione 과 함께 strecker 분해반응에서도 형성된다.

13) Thiazoles (티아졸류, 27종)

티아졸류의 형성에 대한 여러 가지 연구의 결과는 다음과 같다.

Cysteine, xylose, tributyrin 혼합물의 모델반응에서 cysteine의 탈 탄산으로 cysteamine이 되고 이것이 당 분해물과 축합하고 산화되어 형성된다.

또 다른 내용은 cysteine, cystine, 탄수화물의 혼합물에서 thiazolidine 이 형성되고 산화되어 thiazole이 생성되는 가설이다. Thiazolidine 은 cysteamine 과 알데하이드의 작용으로 쉽게 형성된다고 한다. Cysteine과 carbonyl 화합물의 작용으로 형성된 휘발성 화합물에서 thiazole이 발견되었다.

Thiazole, pyridine, pyrazine 등은 헤테로고리형 화합물로서 평면링을 가지며 헤테로방향성 링에 tertiary 질소를 가지고 있다. 저급의 2-alkylthiazole은 green, vegetable-like flavor 와 monoalkylpyridine과 같다.

치환이 증가될수록 alkylthiazole은 nutty, meaty, roasted flavor 특징을 나타내며 dialkylpyrazine 과 trialkylpyrazine의 향기보다 더욱더 잘 일치한다.

Thiazole	R	1,3-thiazole	
		피리딘과 비슷한 특성을 나타내며 10ppm 농도에서 meaty, musty, green 특성을 나타낸다.	볶은 커피에서 0.1-0.2ppm 농도로 나타나며 cysteine/glucose 모델 시스템에서 가열될 때 발견되었다.
4-methylthiazole	R	thiazole, 2-methyl-,	
		10ppm 농도에서 tomato, fruity, nutty, green, meaty odor 를 나타낸다.	아라비카 품종에서는 0.4-1ppm, 로부스타 품종에서는 0.65-1.5ppm 농도를 확인

14) Pyridines(피리딘류, 27종)

볶은 커피에서 피리딘이 존재한다는 것은 1895년에 처음 발표하였으며 1974년과 1987년에 주로 확인하였다.

피리딘류는 아미노산과 당류를 포함하는 모델반응의 열분해물에서 확인되었으며, 1967년 커피향기성분에서 pyridine 15종류를 확인하였다. 이들 중 13종류는 커피 볶음조건에서 설탕의 유무에 관계없이 serine과 threonine의 반응에서 확인하였다. 볶은 커피에서 pyridine의 전구체인 트리고넬린의 열분해 후 12종류의 pyridine을 확인하였고, 볶은 커피에서 6종류를 확인하였다.

커피 향기성분 중 대부분의 피리딘류 구성성분은 상업적으로 활용되고 있다.

Pyridine	R, G	pyridine	
		Pungent, penetrating, nauseating odor 아주 많이 희석될 때 warm, burnt, smokey odor	Stinking 커피와 건전과에서 확인하였으며 볶은 커피에서는 49ppm 농도를 가진다. 트리고넬린의 열분해로 피리딘 농도의 25%를 생성한다. 피리딘은 포도당과 아미노산의 모델반응에서 발견하였고 serine 과 threonine 이 sucrose 의 유무에 관계없이 커피볶음 조건으로 가열될 때 형성된다.
α-picoline	R, G	pyridine, 2-methyl-, 2-methylpyridine, picoline	
		6ppm 농도에서 떫은 맛, hazelnut 등의 맛을 나타내고 볶은 팝콘향을 가진다.	아미노산의 열분해물과 트리고넬린의 열분해물에서 확인하였으며, serine 과 threonine의 모델반응에서 sucrose의 유무에 관계없이 커피볶음 조건으로 가열될 때 형성된다.
Nicotinic acid	R, G	3-pyridinecarboxylic acid, pyridine-3-carboxylic acid, niacin	
			니코틴산은 트리고넬린의 함량이 1-3% 정도 소량 감소하지만 트리고넬린의 분해에 의해 볶음 중 생성된다. 강한 볶음 커피에서 함량은 약한 볶음커피보다 더 많다. 커피 생두의 함량은 16-44ppm 이며 볶은 커피는 150-200ppm 의 농도를 나타내며 커피음료를 만들 때 거의 완전히 추출된다. 니코틴산의 형성은 트리고넬린의 감소와 직접관련이 있다. 커피품질과 니코틴산함량의 관계는 상관관계가 없다.

15) Pyrazines (피라진류, 99종)

　피라진류는 식품에서 180여종 이상 확인되었지만 커피의 휘발성 성분에서는 약 90여종 확인되었다. α-picoline 2-methylpyridine, 2,6-dimethylpyrazine 등을 확인할 수 있는 것은 이러한 헤테로고리화합물의 가능한 형성경로에 대한 첫 단계이다. 식품의 휘발성 아로마 성분에 대한 새로운 피라진성 화합물의 발견은 가스크로마토그라피(GC)의 출현으로 시작되며, 코코아 향기성분에서 2,6-dimethylpyrazine 과 tetramethylpyrazine 은 GC로 처음 발견된 것이다.

　볶음 중 아미노산과 당류간의 Maillard 반응에서 pyrazine 이 유도되어 많은 양이 형성되며 전체 휘발성 성분의 약 14%를 차지한다.

　유리아미노산 함량이 아라비카품종보다 로부스타품종에서 볶음 후 피라진류 함량이 더 높다.

Dihydropyrazine 류

　갓 볶은 커피에서 가끔씩 나타나는 dihydropyrazine류의 관능적인 중요성도 있지만 너무 불안정하여 추출할 수 없으므로 분석연구에서 흔히 분리되기를 바란다. 2,3-dihydropyrazine 은 α-diketone과 암모니아 또는 α-diamine의 축합으로 형성된다. 주된 형성경로의 하나는 Strecker 분해반응으로 발생된 aminohydroxy 또는 α-aminoketone 화합물의 자동산화로 형성된다.

　중간생성물인 2,5-dihydropyrazine류는 당류 분해물인 다양한 carbonyl 화합물과 축합하여 형성되며 서로 다른 알킬라디칼 길이를 가진 3개가 치환된 많은 화합물이 형성된다.

Alkylpyrazine 류

64종류의 알킬피라진 합성에서 이들 분자량은 150이하이다. α-diketone 과 α-diamine의 축합에 의해 2,3-dialkylpyrazine이 형성되고 탈수소 되거나 알칼리성 에틸렌글리콜 용액에서 140-190℃에서 산화에 의해 형성된다.

커피 볶음 조건에서 커피생두에 존재하는 세린과 스레오닌이 설탕과의 반응에서 350종류의 헤테로고리형 화합물을 확인하였다. 탄수화물의 존재는 퓨라닐 furanyl 이나 푸푸릴피라진 furfurylpyrazine을 형성하며 세린과 스레오닌이 가열될 때 소량의 설탕 유무에 관계없이 피라진 농도와 관련된 모든 휘발성 화합물은 32-38%를 나타내는 반면 과량의 설탕과 스레오닌의 반응으로 22%, 과량의 설탕과 세린의 반응으로 5%농도를 나타낸다. 알킬피라진의 형성은 설탕이 없을 때 형성이 더 잘되며, 이와 반대로 알켄피라진과 아실피라진은 설탕이 없으면 형성되지 않는다. 커피생두의 유리아미노산 두 쌍인 아스파라긴 Asn / 아스파르트산 Asp 과 글루타민 Gln / 글루타민산 Glu 과 포도당의 반응에서 곁가지의 아마이드가 산 acid 보다 더 많은 량의 피라진 pyrazine을 형성하는 것이다. 아스파라긴 Asn / 아스파르트산 Asp 으로 포도당과 볶음 조건인 220℃에서 처리하면 질소헤테르고리의 형성에 더욱 중요하게 설명되는 탈아미노화에 의한 암모니아가 유리되고 비닐피라진의 형성은 아스파라긴으로 더 낮은 온도 100℃에서 형성하는 하이드록시에틸피라진 hydroxyethylpyrazine 의 탈수에 의한 것으로 설명할 수 있다.

다양한 시간과 온도로 볶음 중에 형성되는 메틸피라진에 관한 연구에서 아라비카품종에서는 205℃, 10분 후에 최고의 농도에 이르며, 로부스타품종은 185℃, 10분 후에 최고의 농도에 도달한다. 메틸피라진의 농도는 아라비카품종이 로부스타품종보다 1.5배 더 높게 나타났다.

알킬피라진은 트리메틸피라진 trimethylpyrazine, 디메틸피라진 dimethylpyrazine 3종류, 메틸피라진 methylpyrazine류 2종 등이다.

메톡시알킬피라진은 메일라드 반응으로 형성되지 않으며 볶은 커피에서 확인된 90여종의 피라진과는 다르다. 메톡시피라진은 커피생두의 향기성분의 주된 물질이며 peasy 커피콩(stinker와 Rio 커피콩에 존재하는 다른 결점)의 불쾌한 냄새에 관련된 화합물로서 brew coffee 에 신선한 완두콩 냄새를 나타내는 이소부틸유도체는 peasy 냄새의 이소프로필 유도체보다 중요성이 낮다.

Pyrazine	R, G	1,4-diazine, diazabenzene	멕시코 커피생두에서 발견되었으며 serine 의 열분해물에 함유되어 있고 cysteine/포도당 모델 시스템에서 가열될 때 또는 serine 과 thieonine이 포도당의 유무에 관계없이 가열될 때 발견된다.
		Pungent, sweet odr 희석되면 floral 특성 역치는 물에서 500ppm strong sweet, slighty ammoniacal odor	

2,6-dimethylpyrazine	R, G	pyrazine, 2,6-dimethyl-,	
		Sweet, fried potatoes, nutty, earthy, cocoa odor 역치는 물에서 54ppm 이며 공기에서 1140-2300㎍/㎥ 이다.	볶은 커피에서의 농도는 19-35ppm으로 추정하고 있다. 최고 농도는 240℃에서 형성되며 로부스타 품종에서는 185℃에서 10분간 볶음으로 최고농도에 도달한다고 한다.
2-isopropyl-3-methoxypyrazine	R, G	pyrazine, 2-methoxy-3-(1-methylethyl)-, 2-methoxy-3-(1-methylethyl)pyrazine, 3-isopropyl-2-methoxypyrazine	
		이 성분이 과량으로 존재하면 동아프리카 볶은 커피에서 peasy off-flavor를 나타내는 원인으로 설명하고 있다. Earthy, nutty, green, potato odor를 나타내며 역치는 물에서 1-2ppt 이며 공기 중에서는 1-ng/㎥이다.	커피생두에서 2.3ppb, 중간볶음 커피에서 2.4ppb 농도로 발견되었다. 전구체는 valine 과 glyoxal 이다. 이 성분은 강한 야채향기 특성을 나타내며 특히 10ppt(10 ㎍/ton) 농도에서 완두콩 특성을 나타낸다. 0.1-10ppb 농도에서는 신선한 shelled green pea, pea shells, pea sheling process, raw potatoes 특성을 나타낸다.
2-isobutyl-3-methoxypyrazine	R, G	pyrazine, 2-methoxy-3-(2-methylpropyl)-, 2-methoxy-3-(2-methylpropyl)pyrazine, 3-isobutyl-2-methoxypyrazine	
		이 성분은 커피 볶음 후에 최종 아로마에 영향을 미치며 주로 green bell-pepper 의 특성을 나타낸다. Green, bell-pepper, peas, slightly earthy odor 를 나타내며 역치는 물에서 2-16ppt 이다. Peasy odor 는 0.2㎍/kg 또는 2-4㎍/㎥이다.	커피생두는 푸에르토리코 Rio 커피와 건전과 및 멕시코 earthy/mouldy 커피에서 17ppb 건전과에서 8ppb 농도를 확인하였다. 볶은 커피는 중간 볶음에서 50-97ppb 농도를 확인하였다. Leucine 과 glyoxal 이 전구체로 알려져 있다.

16) Amines and miscellaneous nitrogen compounds (32종)

아민류는 커피의 부패 물질로 여겨지기도 하지만 와인이나 과일 채소류 등에서는 긍정적이기도 하다. 황을 함유한 아미노산의 열 분해물에서 암모니아, 알킬아민, 알케닐아민 등을 확인하였다. 특히, 빵의 휘발성 아로마에서 아민류의 형성은 furfural과 아미노산이 축합되고 Schiff 염기가 가수분해성 계열에 의해 형성된다. 아민류, 특히 morpholine은 nitrite(아질산염)와 반응하여 발암성 nitrosamine을 형성할 수 있으며 이들의 발생은 여러 가지 식품 재료 특히 생선, 육류, 맥주, 우유, 커피, 차 와인 등에서 조사되었다.

커피 볶음 중에 알데하이드성, 케톤성 기능을 가지는 많은 당의 분해산물이 암모니아와 아민과 즉각적으로 반응하여 알디민과 케티민을 형성하고 질소를 함유하는 헤테로고리형 화합물의 생성을 유도한다.

방향성 아민(Aniline)과 methyl anthranitate가 그린커피에서 확인되었으며, 3종류의 polyamine인 putrescine, spermidine, spermine등은 그린커피에서 분리되었다. 약한 볶음에서 putrescine만 검출할 수 없으며, spermidine, spermine 등은 볶음단계에서 분해된다. 이러한 화합물의 역치는 $10^{-4} \sim 10^{-5}$M/L 이며, putrid odor를 나타내기도 한다. 이들 화합물은 일반적으로 커피 향기에 간접적으로 관여하며 putrescine 같은 경우는 볶음으로 pyrrolidine으로 전환된다.

Putrescine H₂N~~~NH₂	R, G	1,4-butanediamine, butane-1,4-diamine, tetramethylenediamine, tetramethylenediazane, butylenediamine, 4-aminobutylamine, 1,4-diaminobutane	
		이 폴리아민은 Rio flavor 에는 연관되어있지 않은 것 같으며 농도가 건물 중량 기준으로 38-54ppm 으로 높으면 브라질 커피의 Rio flavor 와 비슷한 특성을 나타낸다. 역치는 18-27ppm 이다.	폴리아민으로 다른 폴리아민과 달리 약한 볶음커피에서 1-3ppm 정도 검출
Spermidine H₂N~~~N~~~NH₂	G	1,4-butanediamine, N-(3-aminopropyl)-, N-(3-aminopropyl)butane-1,4-diamine, 4-aza-1,8-octanediamine, 4-aza-1,8-diaminooctane, triazadecane	
		농도가 건물 중량 기준으로 15-20ppm 정도에서 브라질 커피의 Rio flavor 와 비슷한 특성을 나타낸다. 열기는 115-145ppm 이다.	이 폴리아민은 약한 볶음에서 파괴되지만 분해 생성물은 일반적으로 커피의 향기성분의 형성에 관여하고 있다.
Spermine	G	1,4-butanediamine, N,N'-bis(3-aminopropyl)-, N,N'-bis-(3-aminopropyl)butane-1,4-diamine, 4,9-diaza-1,12-dodecanediamine	
		농도가 7-10ppm 정도에서 브라질 커피의 Rio flavor 와 비슷한 특성을 나타낸다. 역치는 18-34ppm 이다.	

17) Miscellaneous sulfur compounds (32종)

황을 함유한 휘발성 화합물은 식물의 대사산물로 형성된다. 로부스타가 아라비카보다 약 20배 이상 많은 농도가 나타난다고 한다. 휘발성 황 화합물 유도체성분은 stinking arabica 커피에서 8-10배 더 많은 농도를 나타낸다. 이러한 사실은 stinking 커피의 유리 황 함유 아미노산인 methionine의 농도가 중요하게 관여한 것으로 결점이 없는 커피체리의 2배 농도를 나타낸다. 가장 많은 휘발성 화합물이 로부스타보다 아라비카에서 더 많이 발견되었으며 3종류의 강하고 특징적인 화합물이 1992년 발견되었다.

3-methyl-2-butene-1-thiol, 3-mercapto-3-methylbuyanol, 3-mercapto-3-methylbutyl 이며 이들 화합물은 일반적인 전구체인 prenyl alcohol에 관련되어 있다. Prenyl alcohol에서 유도된 휘발성 화합물의 형성은 Maillard 반응과 Strecker 분해반응 이외에 볶은 커피의 향기에 중요한 형성 경로이다.

Methanethiol $H_3C - SH$	R, G	methyl mercaptan, methyl thioalcohol	
		Rotten cabbage odor, 역치는 0.02-2.1ppb 이다.	중간 볶음에서 서서히 증가하다가 강한 볶음에서 급격하게 증가한다. 8일 저장 후의 농도는 초기 농도의 30% 농도로 감소하고 3주 후에는 10-20% 농도로 감소한다. 아미노산인 methionine 의 열분해로 형성된다.

Prenyl mercaptan	R	2-butane-1-thiol, 3-methyl-, 3-methyl(but-2-ene-1-thiol, prenylthiol)	갓 볶은 분쇄 커피에서 8.2ppb 농도를 확인하였다. 황 함유 아미노산과 prenyl alcohol 의 모델 반응에서 열분해성 조건에서 형성된다.
		순수한 물질에서는 Pungent, leek-like, 0.1ppm 농도에서는 animal-like, foxy, skunky odor, 0.04ppm 농도에서는 skunky, meaty, coffee, fatty, tarry odor 역치는 0.2-0.4g/㎥, 0.2-0.3ppt (0.0002-0.0003㎍/L)	
Dimethyl sulfide	R, G	methane, thiobis-, dimethyldulfane, (methylsulfanyl)methane, 2-thiapropane, dimethyl thioether	함량이 많으면 커피의 산도가 증가하고 커피생두 색상이 좋은 푸른색을 나타낸다. 아라비카 품종의 건전한 볶은 커피에서 0.1-0.2ppm 농도를 나타내었고, stinking 커피에서는 0.8-1ppm 의 농도를 나타내었다. 아라비카 품종에서 약한 볶음에서 중간볶음으로 하면 농도는 감소하고 로부스타 품종에서는 농도는 일정하지마 ㄴ그 함량은 낮았다. 저장 중 감소하며 3주 후에는 갓 볶은 커피 농도의 약 40% 까지 감소하였다. 이 물질은 methional 의 분해 생성물과 methanethiol의 산화에 의해 형성된다.
		Wild radish, sharp, green, cabbage-like odor, 아주 낮은 농도에서는 pleasant, vegetable-like odor, 역치는 0.36ppb 이다.	
3-methyl-3-sulfanybutan-1-ol	R	1-butanol, 3-mercapto-3-methyl0, 3-methyl-3-sulfanybutan-1-ol	
		순수 물질은 sweet, soup-like odor 를 나타내며 0.1ppm 으로 희석될 때는 cooked meat, spicy odor 를 나타낸다. 역치는 2-10ppb 이다.	

		1-butanol, 3-mercapto-3-methyl-, 1-formate, 3-methyl-3-sulfanybutyl formate	
3-Mercapto-3-methylbutyl formate	R	순수물질은 sweety, fruity odor 0.1ppm 농도의 수용액에서는 black currabt, catty odor, 역치는 2-8ppt 공기 중의 농도 3x 10⁻⁴ μg/m³, 수용액에서 3.5ppt 농도에서 cat urine. 0.1ppm 농도에서 tropical fruit, green, sulfury, hop flavor, clary sage, orange flower odor. 희석되면 roast coffee likeness로 정의. (Penetrating sweaty odor는 catty로 표현)	이 화합물은 prenyl diphosphate, 황화수고, 개미산에서 볶음 중에 형성된다.

3. 커피 품질의 화학적인 지표 [27)]

그린커피의 향은 상대적으로 약하지만 특징적인 향을 가지며 볶음 전에 결점이 커피콩에 존재하는 나쁜 냄새를 검사하고 재배된 생산품의 품질을 평가하기 위해서 주로 연구하고 있다. 그린커피에서 처음으로 확인한 휘발성분은 aldehydes, ketones, furans, 황화합물 등을 확인하였다. Pentanal(valeraldehyde)은 그린커피에서 penetrating odor를 나타낸다. 과 발효에서 나타나는 acetaldehyde를 제외하고 나머지 화합물들은 발견하지 못하였으므로 하와이 커피에서 acetaldehyde는 부패된 커피의 지표로 이용될 수 있다고 하였다.

---

27) 이주백외 "커피향의 화학", Coffee Flavor Chemistry

콜롬비아 커피의 휘발성 성분 비교 조사에서 dimethyl sulfide 농도와 커피음료의 산도 사이에 깊은 상관관계를 가진다는 것을 알았다. Dimethyl sulfide는 항산화제 성질을 가지며 과산화수소나 과산류와 작용하여 dimethyl sulfoxide로 된 후 methylsulfenic acid 가 된다. 커피가 황 함량이 높으면 커피를 환기 저장할 때 황 함량이 낮은 것보다 좋다.

Dimethyl sulfide 의 함량이 높으면 그린커피의 색깔이 좋은 푸른색이 나타난다. 동 아프리카의 커피생두에서 에탄올 함량과 에탄올/메탄올 비율에서 kenya에서 알려진 특별한 향기인 "Solai" 또는 "Up-country flavor"를 가지며 함량이 많지 않아야 좋다. 이러한 커피에서 에탄올 함량이 많은 커피생두는 발효된 것과는 다른 형태로 평가 받는다. 에탄올 함량이 높고 에탄올/메탄올 비율이 높은 것은 Solai 지역의 지리적인 여건과 특별한 기후에 기인된 것이다. 이 특별한 지역에서 에탄올/메탄올 비율은 고도에 따라 증가하며 2100m(7000ft)에서 재배한 커피는 13.5 이상이다. 이들 에탄올과 메탄올은 볶음 단계에서 에틸과 메틸 유도체를 형성하여 서로 다른 관능 특성으로 볶은 커피의 향기 특성을 나타낸다.

그린커피의 polyamines 류는 부패한 냄새 또는 spermine 냄새를 타나낸다. 이 성분은 볶음 단계에서 분해되며 약한 볶음에서는 부패한 냄새를 나타낸다. 그린커피에서의 풀냄새는 methoxypyrazine 10ppb 농도에서 나타나며, 이와 가장 유사한 종류는 2-siobtyl-3-methoxypyrazine 으로 역치는 0.002ppb 이며 green pea 와 green bell pepper 의 전형적인 향이다. 그린커피의 향기성분 중 염기성 부분에서는 pyridines, quinolines, aromatic amines, alkylpyrazines 이며, 중성부분에서는 furans, aromatic aldehydes, alcohol 등이 주성분이다.

  아라비카 품종은 alkylbenzenes 이나 naphthalene 같은 방향성 화합물이 많고 아라비카 품종은 perpene 화합불이 많고 furans, pyrazine 화합물은 적다.

  결점두인 'Stinking' 그린커피가 소량 있으면 가공이 잘되더라도 전체를 오염시킬 수 있다. 결점두는 butanol, 2-methylpropanol, 1,2-butanediol, acetoin 등을 함유하고, 그린커피에서는 butanol, 1,2-butanediol이 확인되었으며 농도가 높으면 나쁜 크림 같은 냄새를 나타내며, acetoin 은 버터 같은 냄새를 나타낸다. 맵고 강한 냄새인 2-isobutyl-3-methoxypyrazine과 나쁜 영향을 주는 6종류의 ester, 2종류의 diketone 과 terpene성 alcohol 인 lonalool을 발견하였다. Stinking bean에서 특징적인 나쁜 냄새에는 이러한 화합물은 없었지만, 주로 과일향, 배, 살구, pinecone, silage-like, green rotten or 고구마 같은 향을 가지고 있었다. 이들은 인식하는 역치는 매우 낮았으며 농도가 조금만 높아도 나쁜 영향을 미치는 것으로 설명할 수 있다.

  곰팡이 냄새가 있는 브라질 그린커피에서는 2,4,6-trichloroanisole(2,4,6-TCA) 과 geosmin 이라는 물질에 기인되며 이는 그린커피의 Rio off-flavor 로서 곰팡이 냄새 또는 지하실 같은 냄새로 확인하였다. 바닐린은 유쾌하고 좋은 향을 가지며 methyl salicylate 와 ethyl salicylate는 좋지 못한 달콤한 냄새와 rooty-fruity 냄새를 가진다. Rio 그린커피에서 2,4,6-trichloroanisole(2,4,6-TCA) 는 earthy 냄새와 musty 냄새로서 설명할 수 있다.

  Rio 결점과가 10-25개/kg 함유하면 커피음료에 나쁜 영향을 미칠 수 있다. 이러한 Rio off-flavor는 trichlorophenol을 함유한 농약의 분해경로일 것이라는 가설을 제시하기도 한다.

그린커피에만 존재하는 지방족 불포화 aldehyde를 확인하였다. 이러한 화합물을 냄새를 맡으면 metallic, fried, flowery 향에서 oily 향으로 변한다. 그린커피의 방향성 화합물 중 수많은 종류는 볶음단계에서 없어지지 않고 최종의 볶음 커피 향기에 기여하고 있다.

그린커피에서 과발효 향미(over-fermented flavor)는 3종류의 과일향기 성분으로 ethyl-2-methylbutanate, ethyl-3-methylbutanoate, ethyl cyclohexane-carboxylate 로서 과발효 결점과에 가장 중요하게 기여한다. 로부스타 품종의 향기성분은 methanol, acetone, pyridiene, methylpyrazine, furfural 등은 아라비카 품종보다 함량이 높고, methyl formate, tert-butylalcohol, furfuryl alcohol 등은 거의 로부스타 품종에서만 발견된다.

1958년부터 2001년 까지 그린커피의 휘발성 화합물은 총 300종이 확인 되었다. 이들 화합물 중 주요 성분은 hydrocarbons, alcohols, aldehydes 와 esters 등이며 thiopenes, oxazoles 과 thiazoles 류는 그린커피에는 없다.

4. 볶은 커피에서 맛과 향의 열화(staling) [28]

볶은 커피가 소비자에게 전달하기 전 단계인 유통 혹은 저장될 때 나타나는 맛과 향의 열화를 staling 이라한다. 또 다른 뜻은 휘발성 아로마와 flavor 물질의 변화와 관련된 것이 커피의 staling 이며 지방의 산패취는 아니다. Staling 중에는 pyridines의 감소도 아니고 furfural 의 감소도 아니며 단지 adehydes, acetones, 휘발성 phenols 등이 조금 감소하는 것을 알았다.

---

28) 이주백외 "커피향의 화학", Coffee Flavor Chemistry

갓 볶은 커피에서 발견되는 소량의 황화수소는 저장 초기 2주간 저장에서 급격하게 감소하며 diacetyl은 acetylmethyl carbinol을 감소시켰다. 볶은 커피에서 staling으로 유발되는 아로마의 변화를 확인 하였으며 2-methyl-furan/2-butanone 의 비율을 분쇄커피의 수용성 현탁액에서 측정하였으며 4일 이내에 2.6에서 0.1로 감소하였다.

커피 추출물이 종이 필터에 퍼질 때 맨 먼저 좋은 향을 발산 시키지만 몇 시간이내에 향은 pungent, fishy, 땀냄새 같은 향이 나타나며 몇 일이 지나면 완전히 불쾌한 냄새가 난다. 뜨거운 물로서 종이에 적시는 추출은 산화와 증발의 효과를 나타내게 한다. 커피 아로마의 기본적인 물질로 생각되는 남아있는 향은 페놀과 카보닐 화합물 때문에 leather, malt, tobacco-like 향으로 특징이 나타난다. 선별된 휘발성 화합물은 볶은 커피의 staling의 지표로 사용할 수 있다. 볶은 커피의 신선도를 특정하기 위한 품질 data를 얻기 위해서 aroma-index 인 2-methylfuran/2-butanone 을 사용하였다. 이 지표는 볶음 정도와 분쇄 정도에 영향을 받으며 특히 근본적으로는 저장에 의해 좌우 되며 dark roast 커피에서는 적절하게 감소하였다. 볶은 커피의 staling은 10-11일 후는 인지할 수 있을 정도가 되며, 6-8주 후는 stale 의 맛과 냄새가 명확하게 인식할 수 있게 되며, 4-5개월 후가 되면 산패취가 나타나게 된다. 그러나 기밀성 포장이나 진공으로 밀봉된 can 의 커피는 적어도 12개월은 신선한 아로마를 보존할 수 있을 것이다.

분쇄는 커피콩 속에 갇혀있는 실제로 유익한 CO_2 를 방출하는 것이며 볶음과 분쇄된 커피가 안정성이 낮다는 것을 설명하고 있다. 지표 MB의 유효성은 확인되지만 메탄올 함량은 커피의 staleness와 함께 직접적으로 증가하므로 분쇄하거나 분쇄하지 않은 볶은 커피의 신선도 측정으로서 methanol/2-methylfuran 비율의 이용을 제안하였다. 볶은 커피에서 품질 관능검사와 어떤 휘발성 물질의 농도 사이의 관계정립도 같은 의미이다. 즉, 커피 제품에 대한 2-methylpropanol, 3-methylbutanol, diacetyl, 2-methylfuran 의 절대 농도를 특정하고 그 합계값을 제안하였다. 갓 볶은 커피품질에 대한 이 값은 110±21mg/kg 이지만 다른 조건에서 저장 중인 것은 농도가 89mg/kg 으로 떨어진다. 이것은 관능적 품질 편차를 쉽게 알 수 있는 시료에 해당된다.

Espresso blend 커피에 대한 ageing 에 유용한 몇 개의 지표물질은 butanal, 2-burnone, 5-methyl-2-furaldehyde 이다.

acetone/propanal, thiopene/propanal, thiopene/butanedione, butanedione/2-methylfuran 의 비율은 커피 ageing 유용한 지표로 제안 되었다.

일반적으로 느린 산소 소비에 기인하는 커피의 staling 은 포장 전 발생하는 반응에 의할 수 도 있다고 지적하였다. 볶음과 분쇄기술에 의해서 커피 밀도가 더 낮아지는 것은 포장 후 산소와의 접촉이 노출이 증가하며 온도와 수분은 더욱 중요한 영향을 미친다. 볶은 커피에서 CO_2 의 방출과 휘발성 화합물의 방출은 동시에 발생한다. 산소의 이용성에 엄격하게 영향을 받아서 유지 산화가 느린 속도로 되는 것은 포장을 개봉한 후에 커피의 staling이 증가될 수 있다.

에필로그

커피의 로스팅 향은 특별하다. 로스팅에서 만들어지는 커피 향은 식품의 조리과정에서 충분히 나올 수 있는 것들이다. 다른 점이 있다면 고온으로 굽는다는 것과 조리과정에서 맛을 볼 수 없다는 것이다. 차의 경우 높은 온도로 가공을 하지만 커피보다는 낮은 온도로 만들어진다. 커피는 오로지 완성된 것으로만 향미를 확인할 수 있어서 식품 관련하여 특별한 작업에 해당된다.

나는 로스팅 과정에서 향을 극대화하는 것에 대해 고민을 많이 했다. 분명 무언가 있는데 그것이 뭔지 몰라 헤매기도 하고 이것저것 해 보면서 생각도 많이 했다. 향에 대한 정보를 수집하고 그것이 만들어지는 과정을 캐는 일을 반복하였다. 처음 커피를 볶기 시작했을 때는 최고 품질의 커피콩을 접하기 어려웠다. 향에 대한 궁금증은 최근 몇 년간 좋은 품질의 커피콩을 접하면서 향의 다양함을 느낄 수 있었고 로스팅에서 궁금하던 것들도 조금씩 풀어나갔다.

로스팅은 합성화학이라고 할 수 있지만 실험을 통하여 원하는 물질을 합성하는 일반 화학과 같지 않다. 그러나 열에너지를 이용하여 커피콩 물질을 합성하는 측면에서 관찰하면 조금이라도 합성화학과 비슷하다고 말하고 싶다. 합성화학은 이미 그 안에 미학적 요소가 있다고 필립볼은 '실험에 미친 화학자들의 무한도전'이라는 책에서 언급한다. 어쩌면 커피를 볶는 우리는 같은 실험을 반복하는지도 모르겠다. 매번 같은 결과를 얻기 위해 로스팅이라는 실험을 하는 사람들. 그들은 비록 용광로는 아니지만 불 앞에서 작은 사투를 한다. 그런 로스터들을 위해 이 책을 썼다.

이 책은 식품 화학을 기초로 한 커피 로스팅의 기술 이야기이다. 로스팅하려는 사람들과 국내 커피로스팅 기술 발전에 도움이 되길 바란다.

참고문헌

Ivon Flament "Coffee Flavor Chemistry" John Wiley et Sons, LTD.

Harry Nursten, "The Maillard Reaction: Chemistry, Biochemistry and Implications" RS.C advancing the chemical sciences

Illy 외, "Espresso Coffee" Elsevier

R. J. Clarke, R. Macrae "COFFEE: Volumn 1: Chemistry" ELSEVIER APPLIED SCIENCE PUBLISHERS

Michael Sivetz, Ch. E. 외 "Coffee Technology" AVI PUBLISHING COMPANY, INC.

Jean Nicolas Wintgens, "Coffee: Growing, Processing, Sustainable Production", Wiley-VCH

Schenker, Stefan(2000) "Investigations on the Hot Air Roasting of Coffee Beans" Swiss Federal Institute of Technology ZURICH

SCAA,"the Coffee Cupper's handbook" SCAA

SCAA,"the Coffee Brewing handbook", SCAA

中林敏郎외 "コーヒー焙煎の化学と技術" 弘学出版

小野善造 "究極の自家焙煎術" マイコミ

해롤드 맥기 "음식과 요리" 백년후

최낙언 "과학으로 풀어낸 커피향의 비밀" 서울꼬뮨

이주백 외 "커피향의 화학" 대구보건대학

해일리 버치 "일상적이지만 절대적인 화학지식 50" 반니

얀센 "커피로스팅" 주빈

Arthur le caisne "요리는 화학이다" 도림북스

맥머리 "맥머리의 유기화학" 사이플러스

조신호외, "식품학" 교문사

필립볼 "물리학으로 보는 사회" 까치

필립볼 "실험에 미친 화학자들의 무한도전" 살림플렌즈

필립볼 " 화학의 시대" 사이언스북스

사마키 다케오 "재밌어서 밤새읽는 화학이야기" 더숲

루카 튜린 " 향의 비밀" 센텍(주)

김혜숙 "커피 가공 중 열 공급 방법에 따른 휘발성 화합 물질과 지방산 변화에 관한 연구" 서울벤처대학원대학교 학위논문

로스팅의 과학
커피향을 만든다는 것

2쇄 | 2017년 3월 21일
초판 발행 | 2016년 10월 26일

지은이 | 김혜숙
펴낸이 | 문경라

편집기획 | 서울꼬뮨

펴낸곳 | 서울꼬뮨
등록번호 | 22-2700호
등록일자 | 2005. 3. 17

서울시 서초구 동산로 71 마승빌딩 3층 (우편번호 06781)
TEL : 02-579-4725 / FAX : 02-579-4729
E-mail : coffeentea@naver.com
Home Page : www.icoffeentea.com

이 책의 저작권은 월간 커피앤티 발행사인 서울꼬뮨에 있습니다.
여기에 실린 모든 내용과 사진은 법률에 의해 판권을 보장받고 있으므로
본사와의 상의 없이 무단으로 전재하거나 복제할 수 없습니다.

책값은 표지에 있습니다.
ISBN 979-11-85060-11-8   93570

커피·차인의 필독서 월간 커피앤티 발행사인 서울꼬뮨에서는
우리나라 커피와 차문화의 올바른 보급과 발전을 위하여 노력하고 있습니다.